Moon Meditation

新説 願いをかなえる

月《つき》瞑《めい》想《そう》

著者
西川隆光

Arcadia

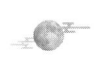

この度、新版にて「新説　願いをかなえる月瞑想」を発刊する運びとなりました。

今回は、自社レーベルからの出版となり、自書の中でも一番思い入れのある本を、こうして再び世に問うことができ、大変嬉しく思っています。

月瞑想は誰でも簡単にできる瞑想法で、とってもシンプルです。

しかし、その奥は深く、今回、その極意の一部もご紹介しています。

それは、三つの眼の使い方です。特別章を是非お読みいただければと思います。

月を「観る」「感じる」そして、月と「一体となる」この三つの所作に加えて、八つの瞑想法を習得していただければ、人生に変革を起こし、本来の自分を発見できることでしょう。

それでは、月瞑想の世界へどうぞ。

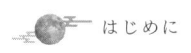

はじめに

私の、ベースとしては「僧侶」から、易者、霊能者、そして、ここ10年間はスピリチュアルカウンセラーとして銀座で行列が絶えない鑑定士として活躍してきました。そして、52歳という霊的な意味合いのある年齢の節目に、私の本領である「僧侶」に肩書きを戻しました。

しかし、僧侶といっても、組織に属して自由を奪われたくないアウトローな私は、宗教にも宗派にも属さない「インディーズ僧侶」でいくと志を立て再活動しています。


ですから、私の語る教えには（当然、本書にも）、仏教の神様仏様だけじゃなく、アウトローですから、イエスキリストも天使も出てきますし、ヒンドゥー教の神々、神道の神様も分け隔てなく登場します。

そもそも、宗教的なるものが大好きな私は神とか仏とか天使とか、目に見えない存在たちを心の底から信じて疑わないのですが、同じ宗教にも関わらず、宗派同士でいがみ合っているメジャーな宗教が、「どうして自分たちがそんな状態で、人々に平和や幸せの教えを説けるのか？」という疑問からどうしても馴染めず、本当の「幸せ」に導ける教えを欲しいと、人生をかけて模索してきました。

私が、本書のテーマである**瞑想**と出会ったのは、四半世紀も昔のことです。

当時、私がフランス料理店のコック見習いだったころ、グルマン一つ星店で名を馳せていた心の師匠であるシェフが、なんとフランス料理に、瞑想を取り入れていたのです。

これは、ショッキングな出来事でした。

なぜなら、その頃は、ヨガとかアロマなんて言葉を使うだけで白い目で見られるような、まだまだスピリチュアルなんて言葉もないような時代に、堂々と瞑想を料理に取り入れ、表参道の一流店として君臨していたからです。

その頃20代前半である私自身は、こそっと精神世界の勉強をしていました。それが、メジャーな立場で頑張っている方が、瞑想からインスピレーション（霊感）を得て、フランス料理を作っていたのですから。これはとてもとても自分の人生において大きなインパクトを与えたのです。

昨今は、マインドフルネスなどの瞑想が流行り、外資大手などでその手法を取り入れるなどして、少し瞑想ブームが起こっていますが、私が今回この本でお伝えしたいことは、**もっともっと瞑想は簡単で身近なものですよ、**ということです。

極論でいえば、**生きていること＝瞑想、**と思っていただいても結構です。

それぐらい、普通に呼吸をするように、瞑想と私たちは切っても切れないつながりがあるのです。その理由をこれからお話ししていこうと思います。

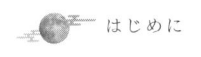

少しでも、本書を通じて、人々の心が癒され、元なる輝きを取り戻していただければ、これ幸いでございます。

マイミッション
「スピリチュアルを通じて、世界平和を実現する！」
西川隆光拝

月瞑想の成り立ちについて

ここでは、**月瞑想**の成り立ちについて、少しご説明をさせていただきます。

そもそも、この月瞑想は二千数百年前に、**お釈迦様**が説いた瞑想法です。

当時、バラモン教（ヴェーダから続く教え）が主流を占めていた時代に、お釈迦様が生まれ、今でいう仏教を説いていきます。

時代的な背景でいうと、カーストという階級制度からの自由を説いていったのが仏教の本質だといえます。

そんな中、ヨガという修行法も、骨と皮だけになり、死に至ることでもって悟るとしていた形骸化された修行法を、ヨガ（瞑想）本来の意味である沈思黙考の修行スタイルに戻していったのでした。

その際に、よく当時、釈迦は、夜空に浮かぶ満月を指し示し、

「あの満月のような丸く柔らかな光輝く自分となりなさい」

と教えてくれました。心を丸くしていくことで、あの満月と同調できるのだと。

人の魂も、あの満月と同じく、太陽という神の光を自分に映し出し、神と表裏一体の存在として存在しているのだと。

だから、心という鏡に映る光が曇らないよう、日々の反省をしなさいと。

そして、心の掃除をしっかりと行った状態でもって、祈りなさいと。

その一連の、心の修行のことを瞑想と言うのだと。

ですから、ここで書き連ねていく**月瞑想メソッド**も、基本的にはこの頃にお釈迦様から教わったメソッドを基につくられています。

仏教の基本である**八正道**《はっしょうどう》を現代的にアレンジして、月瞑想メソッドとしています。

その一つひとつをこれから解き明かしていきたいと思います。

先にも書きましたように、形骸化された皆様の固定概念を打ち破り、人間が本来持っているところの自由と創造性を十二分に引き出していけるよう祈念しています。

それでは、これから順を追って、月瞑想の旅に出ていきましょう！

目次

序章　【正信】在り方　Way

「どうせ自分なんて」を手放すと理想の自分が見えてくる

私の友達に松丸政道さんという方がいます。正統陰陽師の血を継ぐチャネラーさんです。その方がこんなことをよく言っています。

現代において世界的に蔓延《はびこ》っている病があると……

それが、**「どうせ自分なんて」**病だと。

確かに、私の個人相談においても、この手の相談がとても多いものです。

やってみたいことはあるけれども、でもどうせ私なんてできやしない、とか、本当はこんな人生を送っていきたいと思っているけれど、どうせ自分には無理、など。

こういった「どうせ自分なんて」病にかかっている現代人は結構多いかもしれません。

もし、イエス・キリストがこの病気にかかっていたら、どうなったでしょうか？

私は、世界を救う使命がある。と思うのだけれど、どうせ自分になんかできるわけない……と考えます。

すると、どうなっていくか……

足が動かなくて困っている人がいても、どうせ自分なんかに直せるわけはない、と考えて見て見ぬふりをしたり、理不尽なことを言いつけられ、虐げられている人を見たとしても、どうせ自分には何もできない、と考えてその場から立ち去ったことでしょう。

でも、史実としてはそうではありませんでした。

彼はどんな状況でも、一歩も怯《ひる》むことなく、ぶれない人生を送りました。

この原動力となったものは一体なんでしょうか？

私なりに察するに、**「在《あ》り方」**だったのではないかと思うのです。

彼の心の中では、**「どう思われるか」で行動していたのではなく、「どう在りたいか」で行動していた**と思われるのです。

「在り方」、言い換えるなら、**「使命感」**。

ゆるぎない思考の軸、これを持っていたのだと思います。

彼には常々習慣にしていたことがありました。

それは、**祈り**です。

祈りとはどうやってするのかといえば、**瞑想をしていきながら、祈る**のです。

そう、彼の人生は常に瞑想と共にありました。瞑想の中でインスピレーションを得、瞑想の中でジャッジをし、瞑想の中で愛を深めました。瞑想の中で反省もし、瞑想の中で祈りをし、自分がどう在るべきかを常々問うていたのです。

それが習慣化されていたことで、岩をも砕く信念を手に入れていました。

この月瞑想を始めるにあたり、この**信念＝在り方**を決めてみましょう。

信念岩をも砕くのことわざの通り、あなた自身の「在り方」が決まってしまうと、生きていくことが楽です。楽というと、少々軽んじた言い方かもしれませんが、肩の力が抜けて、自然体で生きていくことができるようになります。

信念とか在り方なんて聞くと、そっちのほうがガチガチに思われるかもしれません。しかし、事実として、私の周りには、この在り方がバッチリ決まっている友人たちがたくさんいます。その友人たちに共通した特徴は、自分らしく自然体で生きているということ。無理なく、好きな自分でいることができているということ。どんな状況でも、自分の外にある物差しではなく、自分の内にある物差しでもって、差し計り行動できていることがあります。

それは、**在り方が決まると、歩んでいくべき道（Ｗａｙ）が明らかになる**からです。

どうせ自分なんてと考えてしまうと、本来主体であるべき自分がどこかに行ってしまって、自分でない自分であったり、他の誰かの価値観であったり、自分が歩みたい道を歩めなくなってしまいます。

瞑想によって、在り方を顕在化させていきましょう。

顕在化とは、潜在下に眠っているものを明らかにしていくということです。なんとなく、漠然と潜在的に思っていることを明らかにしていきましょう。

それを、**正信（しょうしん）**といいます。

正信とは、仏教における八正道という瞑想手法の前段階にあたるものです。本来の意味合いとしては、正しい信仰を指します。ここでは、信仰を「在り方」に変換しています。すなわち、自分の中にある神仏と同じ力である神性仏性を信じようということです。

あなたという魂の存在は、本来的には神や仏といった創造主と同じ属性を兼ね備えているのです。

それは、私たちは、神様仏様から分かれ分かれて、個性化した意識体であるというのが、仏教の教えであり、そう考えたほうが、とてもとても自然であり、損のない考え方であるからです。

で、あるならば、その神に近い存在と言われていたイエス・キリストが「自分なんて」という考え方をしていたら、困るわけです。

私たちはまだまだ幼い魂だとしても、まだまだ不出来な魂の存在であったとしても、根本として、神仏と同等の力を有するとするならば、やってやれないことなんてないに等しいのです。

そのためには、まず**「自分なんて」という考え方を捨て、「在り方」を決めていこう**と思うわけです。

在り方＝理想の自分、Ｗａｙ＝理想の人生と考えればいいのです。

では、正信の瞑想を通じて、原型となる月瞑想をしていきましょう。

この基本となる月瞑想を通じて、**人生のポーラスター（北極星）**を定めていきます。

地球に住むすべての人がその星を見れば、北だとわかるあの星です。

この瞑想はたまに人生に迷った時に、繰り返し行っていってください。

人生の軸を決めると、ここから先は結構楽にいけます。

一つ注意点として、**これまでの既成概念に囚《とら》われないでください。**

こうでなければいけない的な発想はいったん捨て去り、**自分の中に入っていってください。**

自分の外に価値観を持ってきてしまうと、どうせ自分なんて……となりがちです。そうではなく、自分の内に価値観を持っていくことで、本当の私と対話をしていくことができます。

内なる自分は一体どうしたいのか？　どんな人生を望んでいるのか？　こうしたことが見えてくるはずです。

ですから、まずいったん今までの既成概念を捨て去り、自分の内に入っていきましょう。

それでは、瞑想スタートです。

宇宙にオーダーするための手紙の書き方

まず、以下の要領で、自分なりの手紙を書いていきましょう。

ポイントは、全体がアファメーション（宣言）に満ちた祈りの言葉になっていることです。

そして、はじめは大きな理想を書いてみましょう。そして、段々とダウンサイジングしていきます。

例えば、まず、大きな理想を

マンガ「ドラゴンボール」を読む

とします。これはとてもいいことなのですが、結構長いマンガですから、全編読み終わるには大変苦労しそうです。

そこで、中見出しにして、こう書きます。

「ドラゴンボール」の10巻までを1カ月以内に読み切る

それでも1カ月先のことってわからないものです。ですから、さらに細かくしていき、

今日帰りにドラゴンボールの第1巻を買って帰る

と。

要は、大きなステーキを一度に食べることは不可能ですから、一口サイズになるまで、細かにして、それで食べるのです。そのように、はじめは大きく、次に中くらいに、そして最後は小さく切り刻んでいき、一口サイズにする。

こうすることで、とても、やることが明確になり、やる気も起きてきます。

それでは、事前ワークとして、このやりたいことの書き出しをしていきましょう。

やりたいことをまず10個以上書き出しましょう。

はじめは大きなことで、大まかで、漠然としていることでも大丈夫です。

そして、それをダウンサイジングしていきます。その10個ぐらいの中身をど

んどん分解していきます。

例えば「お金持ちになりたい」という理想があったとします。

これを、「5年後には、年収1000万円にしたい」「今よりも、給与の高い会社に転職したい」「いずれ、起業して社長になりたい」と3つに増やします。

さらに、「1年後には年収を500万円から600万円にしたい」「半年以内に、転職活動を開始する」「3カ月間で1社は面接に行く」「早速、今日転職サイトに登録する」「キャリアカウンセラーに相談予約を入れる」と、このように、1個から8個のやりたいことに分解できました。

こんな作業を繰り返していくと、あっという間に、やりたいことが、100個ぐらいになってしまいます。それをあとは、適宜取捨選択していけばいいのです。

できれば、A3の紙いっぱいにこんなことを書き記してみてください。もちろんノートでも構いませんが、その際には専用のノートを一冊作ってください。その紙あるいはノートをいつも見えるところに置いておけるのが一番いいです。

以上が、宇宙にオーダーするための手紙の書き方です。

手紙といっても、物語を書いていくのではなく、単発なことでいいですから、やりたいこと、やってみたいこと、成し遂げたいことをドンドン書いていけばいいのです。

はじめは、大まかなことを隙間を空けて、ポンポンポン……と書いておいてください。そして、その隙間に書いたことを分解したことを書き連ねていくといいでしょう。関連している内容が近くにあったほうが、自分が認識しやすいので。

注意点としては、**一度書いたものは消さないでください。**間違ったら、横線でも引いて、上書きしてください。アウトプットしたものは、書き違いでも、結構重要だったりします。ですので、出したものは、とても大切にしてください。

以上です。

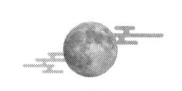

月瞑想〜基礎編

さて、次に、仕込むのは、月瞑想の基本です。

これから、八つの月瞑想の実践をしていきます。その際に、**基本となる月瞑想**は、これからここで書く内容となります。ですので、各項で「基本の月瞑想のスタイルを取ってください」と、書かれている部分は、これからやります基本の月瞑想のことですので、ここのところを読み返してみてください。

ただし、**伝授**のところは、毎回やる必要はありませんので、一度ないし数回で結構です。

伝授

まず、この月瞑想を行うにあたりまして、読者の皆さんにエネルギーの門を開く「伝授」をしていこうと思います。

書籍で「伝授」をするのは、私自身初めてですし、きっとなかなか他でもこうしたことはないのではないかと思います。普段は、私の重要講座などで、直接の「伝授」をしていますが、今回は書籍を通じての「伝授」にチャレンジしてみます。完璧にはいかないかもしれませんが、100パーセントではないにしても、それなりにつながれば良いと思います。

それでは、「伝授」に入ります。
次のページの月の画像をご覧ください。
この絵を見ながら、心の中で次の言葉（マントラ）を唱えてみてください。

「私の中にある宇宙のエネルギーとつながるシステムを開放しなさい。そして、そのシステムを霊体・幽体・肉体の三体と同調させなさい」

こうしたマントラは通常、公開は絶対にしないのですが、許可を取りつけたので、ぜひトライしてみてください。

え、誰に許可を取り付けたかって？　それは、この地球には会社でいう役員みたいなマスタースピリットがいて、私はいちいちそうした地球の役員の方々に稟議《りんぎ》を通しているのです。そこで得た許可です。笑い流してください（笑）。

伝授の定着

この伝授を終えましたら、伝授されたシステムの定着をしていきます。

マントラにもありましたように、**霊体・幽体・肉体**といった三体あるいは、三態（三つの状態）の同調をしっかりとしていきます。

よく、ＤＮＡアクティベーションなんて言い方をしている流派もありますが、簡単に説明いたしますと、**霊体**とは、意識体としてエネルギーを100パーセント使える領域です。しかし、皆さんは霊だけではなく、霊が宿った**肉体**を持った人間ですので、霊体が受けているエネルギーを、そのまま肉体に反映させるのは通常は困難なのです。それを**幽体**といって、霊体と肉体の間をつなげている幽霊の部分がありますので、そちらを通じて、霊体のエネルギーをなるべくダイレクトに肉体レベルでも使えるようにしていくのが、この伝授によるエネルギーシステムの役割となります。

その霊体と肉体を介している幽体には、**チャクラ**というエネルギーポイントが備わっています。

霊体は自由自在に姿を変えたり、変態していける存在ですが、私たちがこの世で生活をしていくための、乗り物である肉体は、そう簡単には変態することができません。

ですから、チャクラというエネルギー定着ポイントを幽体部分でつくり、そこを介してエネルギーを伝達しています。

次のページの図のような場所に、それぞれのチャクラがあります。

このチャクラを意識することで、伝授されたエネルギーの定着をさせていこうと思います。

これも瞑想で行います。月瞑想によるチャクラ調整です。

それでは、誘導していきます。

第七チャクラ	頭頂部	紫
第六チャクラ	眉間	藍
第五チャクラ	のど	青
第四チャクラ	胸の中心	緑
第三チャクラ	みぞおち	黄
第二チャクラ	下腹部（丹田）	オレンジ
第一チャクラ	肛門と性器の間	赤

1．この瞑想では、**座禅のポーズを作ってください。**もし、できなければ、まっすぐ立って行っても結構です。お尻が地面に付いているか、足の裏が地面に付いていれば結構です。（もちろん、マンションやビルなどは、床をもって地面としてください）

2．次に、**軽く目を瞑《つむ》り、呼吸を整え（軽い腹式呼吸）、自分自身が月に覆われているイメージをしてみてください。**満月の中に自分がいる……そんなイメージです。

3．そして、**着地している部分を第1チャクラと思い、お尻なら一点、直立しているなら、足の裏の二点を意識してください。そこに赤くて丸い光の玉を思い浮かべ、ドレミの「ドー」と発音しながら（だいたいドの音程になっていれば結構です）、その光の玉を上昇させていきます。**

4．次に、**膀胱の辺りでオレンジの丸い玉に変化させながら、「レー」と発音し**

ていきます。同じ要領で、段々と光の玉を上昇させていきながら（左図参照）、最後は頭からその光の玉を抜いていきます。そのまま天に還していきます。

5．この月瞑想によるチャクラ調整をたまに繰り返し行っていくことで、エネルギーを定着させていくことができます。

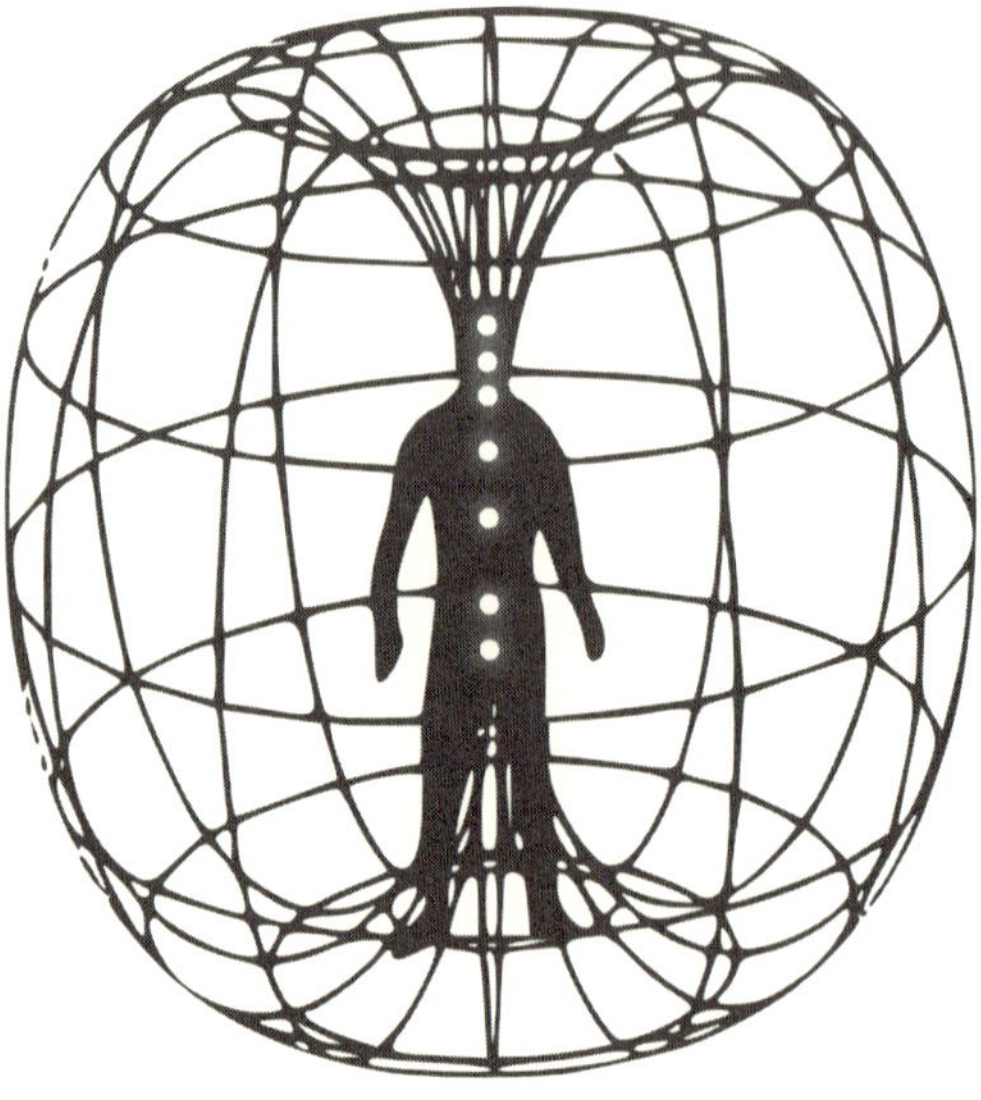

人は、この図のように、肉体を持った時は、チャクラを有し、肉体と霊体のバランスを取っていますが、本質的にはトーラス循環するエネルギー体が人の意識の姿です。

基本の月瞑想

では、ここからが、基本となる月瞑想となります。

これから読み進める各章において、**「基本の月瞑想」**と書いてありましたら、**ここの1～4番までの部分だけ**をやってみてください。

1．姿勢は背筋を伸ばします。イスに座っても、座布を敷いて結跏趺坐《けっかふざ》(右足を左ももの上にのせ、左足を右ももの上にのせる）の姿勢でもどちらでも構いません。

これからの月瞑想はその姿勢すら問いませんが、この基礎編では、姿勢と呼吸を取り入れてみます。時間のある時、ゆったりと瞑想をしたい時は、こうした感じでやってみてください。

2．では、呼吸に入っていきます。

まず**口から息を吐きながら、おへその辺りのお腹をへこませていきます。**ゆつくりと息を吐きながら、お腹をへこめていきます。

息を吐ききったら、1秒ぐらい呼吸を止め、今度はゆっくりと鼻から息を入れていきます。それと同時にお腹を膨らませていきましょう。**息が十分入ったら、また1秒ぐらい息を止め、またゆっくりと息を吐いていきます。**

3. この呼吸（丹田呼吸法といいます）をゆったりとしたリズムで繰り返し、**3分ぐらい**行っていきます。
吐く息10秒、息を止めて1秒、入れる息10秒、息を止め1秒……といった感じです。

4. 次に、いったん、呼吸をゆるやかな腹式呼吸に戻し、**月を描いていきます。**
眉間の先に、**1メートルぐらい先にきれいな満月の絵がかかっていることをイメージして、**目を瞑って、眉間でもってその満月を眺めます。

この際、眉間にしわが寄ったり、怖い顔になっていないかを留意してください。なるべく、アルカイックスマイル（仏顔）になるように意識してみてください。わかりやすくいうとミッキースマイルです。口角が少し上がった顔です。

5．では、**この状態を保ちながら、月とお話をしていきます。**

それが月瞑想の基本です。月との対話です。

ここでは、自分の在り方について対話をしてみましょう。

月に、**「自分は、どう在るべきだろう？」**と話しかけてみてください。

そして、答えが浮かび上がってくるまで静かに待ちます。

この瞑想に時間指定はありません。ですので、好きな時間だけやってみてください。5分でも構いません。30分やってもいいです。その時の調子に合わせてやってみましょう。

私の場合、この月瞑想で得た在り方はこのようなものでした。

２００６年の時「１００万人の人にスピリチュアルな愛の風を届ける」
２０１７年の時「スピリチュアルを通じて、世界平和を実現する」

そこで、不思議なことが起こりました。

２００６年にこの**在り方**を掲げてから、異常なほどに、個人セッションの予約が埋まり始めたのでした。その頃は、新しい家族づくりに一生懸命の時で、妻との間に一人目の子供を授かった時でした。そして、東京での固定した場所でのセッションをしようと思い、この在り方を掲げ、ブログを書き出し、久しぶりの電車通勤を始めたのでした。

そして、あれよあれよという間に、個人セッションがうわさを呼び、当時週に5日、１日20人以上の方の相談にのっていたのでした。

その後、そうした時を約10年ほど送ることとなったのが、この在り方からだったのです。


そして、２０１７年に、この月瞑想を通じて、新たな心境に到りました。それが、「スピリチュアルを通じて、世界平和を実現する」でした。

すると、今度は逆の現象が起こってきたのです。それまで、継続してきた個人セッションの予約に陰りが見えてきたのです。常に、予約で埋まっていた予約表があちらこちらと空き始めたのです。

最初の頃は、なぜだろう?と悩みました。でも、途中で気が付きました。そうだ、**在り方**が変更されたことで、これからの未来の書き換えが行われ始めたんだと。在り方を変えたにも関わらず、旧態依然のままの自分でいようとしていたわけです。そういった癖がついていたのでした。その時です。この本の出版が決まったのも……。

不思議なものです。個人セッションは暇になっていくのに対して、この月瞑想を使ったイベントが、今度は人気を博していったのです。

これは、とても不思議な体験でした。

在り方が変わると、人生が変わる。

こうしたことを身をもって経験したのでした。

ここで、重要なことをお話ししておきます。

人生におけるポーラスターである**在り方**を決める際には、**自分の中に100人の村人がいる**と想定してください。

自分という表面意識はその中の一人に過ぎません。

その自分という表面意識がこっちに行こう！と号令を100人の村人にかけます。その号令が、みんなで俺が大好きな好物である「カレー」を食べに行こうと言ったとします。すると、100人の村人の半数は「カレーいいね」って言ってくれるかもしれませんが、ある人は、カレーは嫌いだとか、カレーは昨日食べたからいやだとか、そもそも肉は食えないとか、俺はラーメンを食べたいといったことが起きてきます。

では、どうしたらよいでしょうか？

みんなで「美味しいランチ」を食べに行こうと号令すれば、かなり行く割合が増えるでしょう。もっと言えば、あそこのランチを食べると、次回無料券が付いてくるらしいぞ、などと言えば……。

要は、１００人の村人という、**潜在意識下にある住人たちを口説いていく必要がある**ということです。そして、１００％こっちを向かせることができると、そのチカラは大きく現れてくるものです。それが、ポーラスター（北極星）なのです。

例えば「みんなで東京タワーを見よう」だと、東京の人の限られた人にしか見えません。でも、それが「富士山」になると、もう少し多くの人が見ることができます。ただ、地域によっては、東に見えたり、西に見えたりとなります。

なるべく多くの人が、同じ方向に認識でき、好き嫌いがわかりにくい在り方を掲げてください。それがコツです。

私の場合ですと、１００万人というところから、世界平和という、個の幸せから、全体の幸せに、エネルギーがシフトしたことになります。

だから、それに応じた人生に切り替わりつつあるのだと感じています。

ぜひ、皆さんの「在り方」づくりの参考にしてみてください。

第一章　【正見】見る　See

それでは、いよいよ本題に入っていきましょう。

人の目というものは、本当によくできています。

例えば、原宿の竹下通りを歩いてみるとします。何人かの人に歩いてもらい、あとで感想を聞いたとします。

「どんなものが目に入りましたか?」

こういった質問をするとします。

すると、ある人は「いろんなお店があって、可愛らしい女の子たちがたくさんいた」と答えるかもしれません。またある人は、「とにかく人が多くて、それどころではなかった」と答えるかもしれません。

人の目は、興味関心のあるものしか目に映らないようにできています。

ですから、それぞれの人が、普段潜在的に考えていることに沿って、目から情報を得ているといえます。**知らず知らずのうちに、心の底で思っていることに対して、目は反応している**のです。

ファッションに興味のある人は、原宿を歩いている時でも、表参道を歩いている時でも、きっとファッションに目がいってしまうことでしょう。逆に普段ファッションに興味がない人にとっては、原宿や表参道を歩いていても、自分の興味が食べ物であったなら、飲食店を自然と検索しているはずです。

では、質問を変えて、「これから原宿を歩いていただきますが、自分の気に入った洋服店を探してみてください」と目的性を与えるとします。すると、今度はどうでしょう……きっと、自分なりに気に入るお店を見ようと思いながら、竹下通りを歩くと思います。

では、さらに質問を突き詰めていって、「原宿を歩きながら、気に入ったお店に入り、欲しいと思う服を一着探してみてください」と指定したらどうでしょう……。

このように、人の目は、情報を集める器官です。

スピリチュアルな視点で言い換えますと、同じこの世の三次元空間に居ても、**自分が意識している周波帯の映像が目に映ってくる**、といえるのです。

ですから、同じ三次元空間に生まれ出てていても、異なる周波帯で、それぞれの人たちは、存在しているのです。その結果、同じ空間にいても、見えてくる世界は、人によって違うという現象が起きてくるわけです。

願いを叶えるための、月瞑想をしていくにあたり、まずはじめに、この**正見（しょうけん）**の部分を理解してください。

固定概念でもって、見せられている世界から、**観自在（かんじざい＝自由な目で観る）な自分**となっていくことで、どんな世界でも観ることができるようになるのが、この月瞑想の目的です。

「自分なんて、どうせ○○できるわけがない」という見方から、「自分でも、もしかしたら○○できるかもしれない」という見方を受容できるようになっていくでしょう。受容とは、受け入れるではなく、受け容れるです。たんに受け入れるだけではなく、自分の器を大きくすることで、すんなりと受け容れる状態にしていくことを受容といいます。

では、何を受け容れていくのか？　それは、自己を受け容れていくということです。

言い換えると、自分自身を愛することです。

自己受容の先にあるのが、自己実現の世界です。自分を愛することのできない自己実現は、偽我（偽りの自分）の自己実現となり、苦しいものとなるでしょう。「そうでなければいけない」「こうあるべき」「世間的にこうでないと」といった立脚点になり、心が苦しい状態になります。

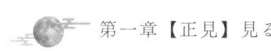

それよりも、まず、**真我（本当の自分）**を発見することから、はじめましょう。それは、**心がワクワクしてくるもの**です。そのために、「こんな自分も素敵かも」「こうだったらもっと楽しいかも」「こんな自分になって、世間を変えていこう」といった考え方を受け入れてみてください。受け入れているうちに、受け容れることができるようになってきます。そう、自分の器が、その要望に応じて、広がっていくからです。

まず、ありのままの自分を受け入れるということです。ありのままの自分を受け入れるというと、平凡な自分を認識するとか、ダメでもそれでいいとか、目的を捨てて自然に生きるみたいなことに考えがちです。しかし、そうではありません。

本来、人間というものは、この世に何のために生まれて来るのか？　それは、**使命・目的・課題**という3つの要素があります。

使命とは、三世（三回の生まれ変わり）ぐらいのスパンの中でのミッションです。この世という社会に対して、**どんな役割を負っていくのか**、という自分が担うべきミッションです。

そして、**目的**とは、ビジョンです。そのミッションの中でもって、**どんなことを達成していくのか**。わかりやすく言うと、今回の人生で学ぶ学部は何にしよう、そのために取得する学科は何と何みたいなお話です。すると、その大学に行くのは何のためなのか？　その大学へ行って、何を学ぼうとしているのか……。

そうしていく中で、様々な**課題**が見えてきます。この課題とは何かと言いますと、**どんな自分にならなければならないか**ということです。要は、自分の価値を高めていくということです。自分の価値を高めることで、解ける問題も出てきます。人生の問題集を解くには、自分の価値を高めていくこと。あるいは、いろんな人から学ぶという参考書的な発想もあります。

ただここで、問題が出てきます。それは、前世において、取りこぼしてきた単位学位があるということです。それもまた課題として出てきます。まだ、やりきれていない単位です。前世からの宿題が残っている状態です。これは、誰しもあるものです。そんな完璧な魂はいませんから。その前世からの宿題のことを持ち越しのカルマとも言ったりします。

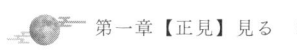

この話から、ありのままの自分を見ていくとすると、**この世の価値観にばかり囚われて、本来の自分の目的を見失ってはいませんか**、という話になってきます。

小さい頃から考えてきたこととか、自然と興味を持ってしたもの、今はこんな自分だけど、本当はこうなりたいんだとか、忘れていた夢や希望を思い出していくこと、それも自己限定を与えずに、世間体や周りの目なども気にせずに、

そもそも自分って何をしたいんだっけ?と考えてみてほしいのです。

あなたは、今回この世に生まれて来るにあたって、様々な環境設定をしてきました。親は誰にするか、男か女か、どの国に生まれるのか……いろんな環境設定をしてきました。

ありのままの自分を受け入れる原点として、**親は自らが選んで生まれてきたこと、この国もこの肉体も、一つの設定として、自らが選んできている**という点を最初に受け入れてみてください。

生まれ変わりの意味とは、その環境から、一体何を学び、何を成そうとしているのか、それが問われているのです。ですので、ありのままを受け入れるための一つのコツは、**今現れている環境は、自らの選択の結果である**ととらえることになります。

今お話ししたことは、生まれる前の環境設定のお話です。

次に、あなたが、ありのままの自分を受け入れるのに、必要なこと……それは、**あなたが見た世界が今現在に出現している**という事実です。

今度は、この世に生まれて現実世界を生きている中でのお話です。これは、少し、難しい話になるかもしれませんが、量子論的な観点からして、観察したことが事実になる、という実験結果があるということ。実は、人生はこの法則で出来上がっているのです。（詳しい解釈の話は、コペンハーゲン解釈やシュレーディンガーの猫といったことをググってみるとわかります）

「見たことが事実になる」です。

観測したことが事実になるということは、こういう仮説が成り立ちます。

時間は、過去から未来へ向かっているのではなく、未来から過去へと向かっているということ。

あなたが、自分の時間軸上で、観察した未来が、今この現在に流れてきます。

常にその連続です。

先の原宿の話を思い出してください。人によって、目に入る世界はまちまちです。しかし、その**見た情報によって、その後の未来が決まっているとしたら、**どうでしょう……漠然と日々起こってくることを眺めているか、それとも、見たいと思うものを能動的に観に行くか、さらにこれだと思うものを凝視してみるかで、手に入る時間は短縮されます。

人の目は、この三つの働きがあります。**意識せず見ている、意識して観ている、さらに意識して視る、**です。

もちろん、常に、意識して見ることはなかなか難しいことでしょう。

ですから、**瞑想を通じて、未来の自分を観に行ってみませんか？**

だから、この月瞑想のはじめは、「見る」ことから始まるのです。

そして、最終的には「観る」まで行こうと思います。

その過程をぜひ楽しんでみてください。

「観測したことが事実になる」という最先端の物理学が証明している実験結果を、自分の人生に活かしてみるのが、月瞑想なのです。

この宇宙には、あなたが欲しい未来に対して、必要なものはすべて揃っています。

今のあなたにとって、1兆円といったら、とてつもない金額かもしれません。

でも、宇宙からその1兆円を眺めてみてください。ちっぽけなものだと思いませんか？

宇宙は、すべてを生々流転させているエネルギーであり、意識体でもあります。それを神と言ってもいいでしょうし、仏と言ってもいいでしょう。あるいは、サムシンググレートと表してもいいでしょう。

宇宙の創造力からしてみれば、地球上の国家予算ぐらいどうってことないことでしょう。

ですから、**あなたがその宇宙と一体となることができれば、そこに不可能などなくなってくるのです。**

宇宙と一体となることが、月瞑想を通じてできるようになっていきます。

これからのワークをワクワクしながら、体験していってみてください。

月瞑想ワーク1　正見
～ありのままの自分を取り戻したい時

それでは、月瞑想ワークへと入っていきましょう。

まず、**目を瞑り、夜空に浮かぶ、まん丸の満月を眺めてください。**

その**満月を眺めながら、呼吸を満月と合わせてください。**

どんな姿勢でもどんな格好でも大丈夫です。目を瞑り、満月を思い描き、その満月に呼吸を合わせていきます。最初は、うまくできなくても構いません。なんとなくでもいいですから、目を瞑り、満月を眺め、その満月に合わせて呼吸をしてみましょう。要は、リラックスしながら、心の眼でもって、満月を眺めればいいのです。

満月に呼吸が合ってきたなと感じられたなら、その状態をキープしてください。

雑念や他の映像などが混じってきたら、満月に戻してください。気づいたら、満月に戻ります。月の光を浴びながら、その優しいエネルギーに癒されてください。

では、ここでありのままの自分を取り戻したい時のマントラを授けます。

「思考のブロック解除」

心の中でこの言葉を三回ぐらい唱えながら、頭のてっぺんから、凝り固まった自分をほぐすエネルギーが流れ込んでくることを確認してみてください。

頭のてっぺんから光のバターが流れ込んできて、とろけた光が全身を包み込んでいきます……しばらく、その状態を楽しんでみてください。

3分ぐらいこのワークを行ってみてください。それで十分です。

自分の中にある「自己限定」というネガティブなエネルギーがこれで浄化されていきます。

どうせ自分なんて、という考え方も自己限定から来るネガティブエネルギーです。ネガティブエネルギーとは、本来の健全な魂状態を妨げるこの世特有の固定化するエネルギーです。

本来の魂は、常に自由です。意識、エネルギー、霊体、これらは、本来、融《ゆう》通無碍《ずうむげ》な存在なのです。

この月瞑想は「自由に自分の未来を見る」ための能力を取り戻すためのものです。事あるたびに使ってみてください。

第二章　【正思】感じる　Feel

ネガティブエネルギーの解説

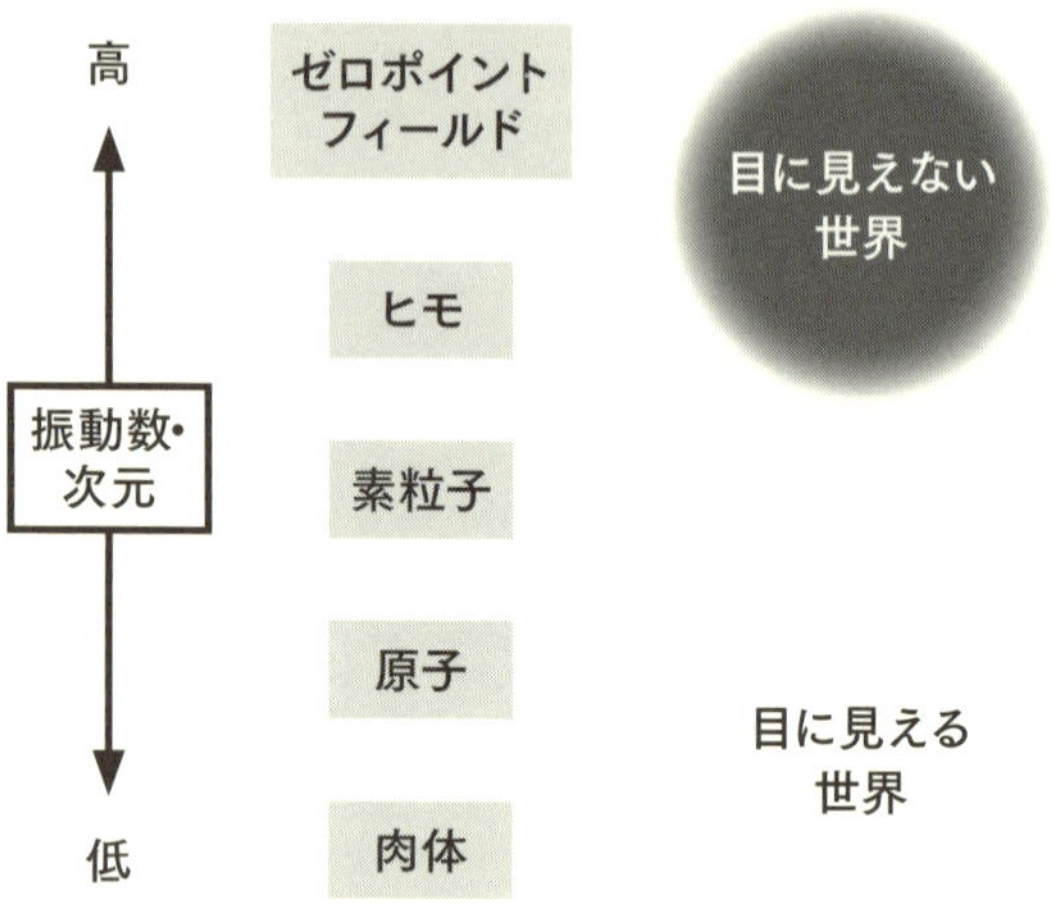

量子力学では、素粒子は極小のヒモでできているとされています（上図参照）。

そして、その先にはゼロポイントフィールドがあるとされています。

ここがすべての物質が生まれる場であると考えられています。これを仏教では**「空（くう）」**といいます。

ネガティブな想念エネルギーというものは、実はこの中でいうと、ゼロポイントフィールドから観念が生まれる領域である素粒子レベルで発生しているのです。

これを月と自分で例えるとするなら、夜空に輝く月があります。その月と地上にいる自分を遮るものがあるとするなら、それは雲ということになります。この雲はさわれないけれども、確かにそこに存在しています。水蒸気の密度が濃い状態なわけです。この雲がネガティブエネルギーだと考えてみてください。何かのとらわれによってできた密度の濃い想念エネルギーです。これが、月と自分を遮っています。

しかし、実際は、雲の向こうには、輝ける満月がいつもそこにある、のです。そこからは、常に光が差し込んできているのです。この光をキャッチできている状態か、そうでないかの違いなのです。

で、**この雲を消し去るチカラが私たちにはある**のです。

それをこの月瞑想**「正思」**を通じてお教えできたらと思っています。

さて、この章では、**「正思」感じることを**テーマにお届けしていきたいと思います。

一章では、**「正見」見ること**をテーマにしてみました。今度は、**感じる**です。

日々、私たちは、様々なことを感じながら生きています。

一章でもお伝えした原宿を歩く、を例にしてみても、ある人は、「ここっていいな」って感じる人もいれば、「なんか、ここは落ち着かないな」と感じる人もいます。瞬間瞬間、人の心は好きか嫌いとか、Yes or No で判断やジャッジをしています。その際に生じる感覚が感情というものです。

この感情は時として行動の原動力にもなりますし、逆のこともあります。

感情というエネルギーそのものは、とても良いエネルギーです。問題は、自己否定、自己卑下などの**「自分なんて、どうせ〇〇〇」**という方向の感情です。これを手放すことで、肯定的な感情をさらに強調させていくことができます。肯定的な感情エネルギーを打ち消してしまう、自己否定的な感情を取り払えば、願いは叶いやすくなります。いつもゼロポイントフィールドでは、観察したことが事実になっています。ただ、ゼロ磁場とこの現実磁場の間にある**雲**が問題となってくるわけです。

話は変わりますが、正思という正しい心をテーマにしていったり、心の勉強深くしていると陥りがちなことがあります。

それは、**欲を否定してしまう**ことです。

これは、宗教者などにも多いのですが、欲を否定しようとすればするほどに、我慢が生じます。我慢というエネルギーが溜まり過ぎると、いずれどこかで、そのエネルギーが暴走してしまうことでしょう。その結果、心のリバウンドが起こってしまいます。

わかりやすい例でいうと、ダイエットです。多くの人は、ダイエットの経験があるのではないでしょうか。無理なダイエットでは、食欲を我慢します。欲を否定してしまうのは、人間の本来の構造上、健康的に相応しいことではありません。私は、スピリチュアルカウンセラーを長年やってまいりましたので、この辺りはとても研究してきた分野です。

人は本来、魂あるいは霊体という意識体の部分が輪廻転生している主体となっています。この地上に生まれる際に、お母さんのお腹に入り、十月十日かけて出来上がっていく肉体に宿り、生まれてきます。ですので、人は霊体という本来の自分が、肉体という仮の宿に留まって、与えられた命の間、生き続けます。

ここでいう欲とは、**霊体という本来の自分がやりたいと思う欲**と、**肉体に宿っているがために生じる肉体欲**があるわけです。ですが、たいていの場合、この**両者の欲は同時に出て来る**ものなのです。食べたい欲と、何かをやり遂げたい欲が同時に出て来るという意味です。ですから、無理なダイエットで、食欲を抑制することによって、やりたいと思うこともなくなってしまう傾向も出てきがちなのです。

これは、性欲もしかり、睡眠欲もしかりです。どうしても、霊体と肉体はこの世においては、色心《しきしん》不二《ふに》で一体なので、こうしたことになります。

ですので、実は、**欲こそが、生きていく原動力であると、いったん欲を肯定**

することから始めてほしいのです。

例えば、私は昔、フランス料理をしていました。その時、フォンドヴォーだとか、コンソメなどの美味しい出し汁を仕込むわけですが、煮込んでいく際に、灰汁《あく》というものが出てきます。この灰汁を丁寧に取り除いていくことで、あの一流の美味しい味が出来上がっていきます。

そこで、もし、灰汁はスープを濁すから良くないものだといって、灰汁がでないように、ぬるい温度で温めても、いいダシがでません。やはり、沸騰させて、コトコトと煮込むことで、灰汁と共にいいダシも出て来るわけです。

これと欲も同じ原理です。

やりたいことがあるとして、その思いを煮詰めていくことで、その思いはより具体的な行動として現れてきます。しかし、それと同時に欲も出てくることでしょう。余計な欲というものです。その余計な欲は心には良くないからといって、漠然とした状態でやりたいことを思っていても、いいアイデアが出て来ないことでしょう。

余計な欲を丁寧に取り除きながら、その思いをドンドン煮詰めていくことで、とても素敵なものが出来てくるのだと思います。

大切なことは、**すべてのものをいったん、積極的に肯定してみてください。**あれはダメ、これはダメでは、前に進めないのです。ちょっとした勇気を出して、徹底的に自分を肯定してみるのです。いいも悪いもここではジャッジせずに、いったん「自分なんて」という自分を、受け入れてみることです。

その際に罪悪感が生じたとするならば、実はそれが一番やりたいことなのかもしれません。あるいは、そうなりたい姿なのかもしれません。

罪悪感が生じるということは、過去にそういった経験を魂がしているということなのです。だから、これだけはダメと思っているのです。また、失敗するからとか、またこうなってしまうから、と過去の経験から、結果を決めつけてしまっているのです。

もし、今の自分ならそれをいとも簡単に乗り越えることができるとしても、そう考えてしまっていることを、過去のトラウマとか、思い込みと言っています。

しかし、ここでは無理にそのトラウマと戦う必要はありません。**月瞑想でもって、そのトラウマさえも打ち消していくことができる**からです。あえて、こうした説明をしている理由は、「あ、そうなんだ」と思ってほしいからです。「できるんだ」と思ってほしいのです。そして、実際にできるのです。

先の図にもありましたように、**実在の世界では、すでに在る**のです。しかし、仮想現実の世界に住んでいる私たちにしてみると、まだ無いと感じてしまうのです。だから、早くそれを手に入れなければ、と焦ってしまったり、無理に自分を「こうでなければならない」と呪縛しているのです。


ここで、もう一つ問題なことがあります。

それは、プロセスに対する呪縛です。「こういう手順でやらなければいけない」とか「こんなやり方では欲しくない」といった観念です。

確かに正しい手順ってあると思います。この世的には。しかし、実在の世界の法則からすると、そうである理由はそもそもないし、なんでそうなるのかすら、そのプロセスはわかっていません。現代の物理学では、観察したことが事実となる、という事実だけが実験結果としてあり、なんでそうなるのかは、まだ証明されていないのです。多分それは、実験装置の性能がそこまで追いついていない、というのが、その理由とされています。

ですので、**実在の世界で在るものを、こちらの仮想現実の世界に出現させるのに、厳密には、プロセスは問題にしないほうがいい**のです。

なぜ、そうなるかはいったん置いておいて、**月瞑想で観察したことが事実となる、その結果を素直に受け入れてみてください。**これはスプーン曲げと同じで、なぜそれができるのかは今のところわからないけれど、できるという事実がそこにあるのです。

スピリチュアルな世界では、「想ったことが実現する」ということは、もうすでに当たり前になりつつあります。それは、日々漠然と想っていることが実現しているという意味です。

ここで、自己実現のプロセスにおいて、とても重要なことを書いておきます。


「意図して、見たことが実現する」


第一章では、見ることにおいてのコツをお伝えしました。この第二章においては、思うこと感じることにおいてのコツをお伝えしています。

余計な雑想念を消し去り、第三章において学ぶ潜在化にある思い込みを外し、メンタルブロックを打ち消していくことで、意図したことが実現する能力が備わってきます。

人にもよりますが、そのチカラは私の周りの方々も数多くそのことを証明してくれています。

月瞑想ワーク2　正思
～ネガティブな感情を打ち消したい時

それでは、これまでの月瞑想の基本の通り、**月を思い描いてください。**

眉間の先にある満月を思い描いてください。

そして、その**満月を眺めながら、ネガティブの原因であることを探り当て、そのことを思っていてください。**

例えば、誰かとの人間関係において悩んでいるとすれば、そのお相手のことを満月に映し出しながら、その際のネガティブな感情を感じていてください。

そして、そのまま、**次のマントラを心の中で唱えます。**

「感情のブロック解除」

心の中で感じた不快な思いが、深層心理の奥底まで到達し、積み重なってしまった不健全な観念。これを打ち消していく月瞑想です。

このワークを繰り返し行うことで、きっとあなたは不思議な経験をするはずです。心が晴れていく……という経験です。

先ほどまで想っていた不快な内容がもう思い出せなくなったり、もうどうでもよくなってしまったりする経験をするかと思います。それで、結構です。

ネガティブな感情に苛まれる際に、この月瞑想を実践してみてください。

第三章　【正語】意図する　Intention

前章では、ネガティブな想念は打ち消していくことができることをエネルギー的観点で解説し、それを月瞑想として実践してみました。

ここで、まだもう一つの問題が残っています。

それは、表面的な雲を消し去っても、そこにネガティブ磁場が存在する限り、また雲は発生してくるという問題です。

雲を消し去っても、そこに低気圧という問題があるわけです。**雲ができやすい状態**があるわけです。それは過去のトラウマであったり、強烈な体験からくる**メンタルブロック**であったりするわけです。

今度はその想念ブロックの打ち消し方に入っていきましょう。

第二章でお話ししました**「不健全な観念」が積み重なっていくことで、メンタルブロックが出来上がります**。なぜ、ブロックと言うかといえば、ブロックのように積み重なっていくからです。それはまるで、足にできる魚の目のように、取り除いたかと思えば、またそこから生えてきます。魚の目というのは、足の変形が原因らしく、同じ部分が圧迫を受けている限り、また再発してしまうことが多いのだそうです。

実は、メンタルブロックも同じことが言えます。心に同じ圧迫を受け続けていると、そこからまた再発してしまうことが多いです。

では、心の圧迫とは、一体なんでしょうか？

その正体は、**「罪悪感」**ではないかと考えています。

心のどこかにある「罪悪感」です。痛みを感じたり、罪の意識を持っていたり、自己嫌悪や自己処罰の思い、あるいはそのことと向き合うことが怖いといった恐怖感からの逃避などです。

自分には、そういったことはないと考えていたとしても、メンタルブロックは意外と無意識のうちに育っていることが多いものです。幼少期の環境から自然と培ったものもあれば、親からの刷り込みや学校での人間関係などから自然と不健全な観念が育ち、同じような負のエネルギーが積み重なって、大きなメンタルブロックになっていることがよく見受けられます。

もっと遡れば、前世の体験、過去世での繰り返しの経験から来ていることもあります。そうなると、かなり歴史があるので、厄介ですが。


では、そうしたメンタルブロックは、何がきっかけで起こっていくかと言えば、**「言葉」**と**「行為」**です。この二つが同時に記憶されているのです。

例えば、小さい頃に、「うちは貧乏だから、お金がないから」と何百ぺんも聞かされていたとします。それと同時に、親のしぐさも同時に目で見ています。見て、聞いて、を繰り返すことで、そのことが強く潜在意識に刻み込まれていくのです。

メラビアンの法則というものがあって、それによると、人がコミュニケーションから受ける影響で、視覚から入る情報が八割以上を占めるそうです。その視覚情報とは、見た目と振舞いです。その人の見た目と振舞いから八割以上の影響を受けているのです。これは驚くべきことです。それと同時に、発せられた一言が結構奥底に刻まれているのだと私は感じています。

ですので、ここでは、それらを過去の記憶と記しておきます。

ここで、私のスピリチュアルカウンセラーとしての持論があります。

それは、**「人の魂は、記憶でできている」**です。


魂とは、一つの記憶媒体だと思ってもらって結構です。記憶媒体って？と思われるでしょう。それは、例えば、昔なら、ＣＤです。今なら、情報はダウンロードです。どこに？　それは、メディアという記憶媒体です。スマホもそうでしょうし、ＰＣもしかりです。

そう、人の魂もそれと同じ、記憶媒体、すなわちメディアなのです。

魂はメディアである。それが私の持論です。

ですので、メディアである以上、そこにダウンロードされたデータで出来上がっているわけです。

日々何をダウンロードして生きているのか……それが重要なことなのです。

それは、前世、過去世をも含んでいます。今世の人生の過去と前世という過去、そしてそれ以前の過去世の過去となります。そうしたところから、受けている影響、それがメンタルブロックです。メンタルを心とするならば、人が輪廻転生する主体が心ですから、そういったことがいえるのです。心という一種のメディア媒体が、いろいろなことをその時代その場所において、記録してきているのです。それを記憶とここでは呼んでいます。

先の例でいえば、親に「うちは貧乏だから、お金がないから」だから、好きなものを買ってもらえなかったとすると、それは私のせいかしらと思う人も出て来るでしょうし、親がそれを世間のせいにしていたとしたら、それは自然と世間が悪いから私はお金がないという観念が育ってしまうことでしょう。

このように、まずは、そういった観念を刷り込まれ、その繰り返しで、一定の磁場が出来上がっていくのです。その**磁場を解消しないかぎり、そこから出て来るネガティブな感情というものは、消しても消しても、また出てきてしまうものなのです。**

ですので、自分の内にある**「罪悪感」を排除していきましょう。**

この**「罪悪感」を取り除いた状態では、願いは自然と叶ってしまうのです。**
それは、ゼロポイントフィールドにおいて願ったことが、それを遮ることなく、表面意識に到達でき、心底ストレートに素直にそう思えるからです。すると、世間で言われている通りの引き寄せの法則のままに、**願ったこと、書き出したことは叶う**のです。

何か欲しいものがあった時、何のてらいもなく、欲しい！と思え、それを手にしてもいいという自分の中の許可が下りれば、それを手に入れることにおいて、何の問題もないはずです。

しかし、それが手に入ると困る理由があることで、そのことを拒絶しているようなことがあります。なんだかんだ理由をつけて、断る。あるいは、そのことが実現しそうになると逃げる（笑）なんてことは、私も普段の相談の中においても、多々あるケースなのです。

キネシオロジー（筋肉反射テスト）というものがあります。デヴィッド・R・ホーキンズ『パワーか、フォースか―人間のレベルを測る科学』では、人間の意識レベルをこの筋肉反射で測定しています。私も普段のセッションで、お客様の願いにおいて、それが心底望んでいることかどうかをこの方法で試してみたりしています。

すると、やはり面白い結果が出ます。例えば、「絶対、結婚したい！」と訪れた女性にこのテストをすると逆の結果が出たりするのです。本人はそんなことはないと言うのです。合コンへ行きまくり、婚活パーティーへも足しげく通っているのですと。でも、よくよく考えてみると、それでも結果が出ないわけですよね……と、聞き直したりします。ですので、大事なことは、潜在意識と表面意識が合致しているかどうかなのです。

私たち魂は、一種の記憶媒体です。メディアです。

そこには、もちろん神様（創造主あるいはサムシンググレート）と同じOS（オペレーションシステム）という名のメタ情報（何を優先し、何をなすべきかの情報）がコピペされ、同等のものを備えています。

しかし、**人として、何度もこの世に生れ落ちるたびに、多くの学びと共に、バ**

グも持ち帰ってきます。バグとは誤ったソース（情報）です。それが記憶媒体にあることで、うまく稼働しない状態が魂に出てきます。よく皆さんのパソコンでも、重くなったり、誤作動をしたりすることがあると思います。私たち魂も媒体である以上、そうしたことが起こり得ます。**そのバグの集積を私はメンタルブロックと呼んでいるのです。**

このバグを修復するための月瞑想をここでお教えしていこうと思います。

前提として、この大宇宙において不可能などありません。私たち魂は、そうした本来の世界の理《ことわり》を、生まれて来る際にいったん忘れ去ります。

なぜ、忘れる必要があるのか？　もし、すべての人が前世の記憶があったとしたら……前世で父だった人が弟だったりしたら、どうですか？　ちょっとやりづらくありませんか？　そう、だからこそ、忘却することが大切なのです。

前世は前世、今世は今世です。どんなに偉かった人も、そうでなかった人もまた平等に生まれ変わり、再出発をしていきます。機会、チャンスにおいてはすべての人が平等になるように。そのうえで、自分の可能性を試していきます。本当は何でもできる存在である自分であるのです。それを敢えてこの不自由な世界に生まれ変わることで、魂の足腰を鍛えに来ています。それが、魂の真実の姿なのです。

そして、この宇宙はすべての存在を赦しています。
すべてが自由であることを許可しています。

宇宙全体からしてみれば、あなたが犯している罪など小さなものです。
あなたが抱く「罪悪感」もちっぽけなものです。
宇宙に対して、「ゴメンナサイ」と素直に謝れば、すぐに赦してくれます。その素直な気持ちを量られているのです。

では、月瞑想ワーク3に入っていきましょう。

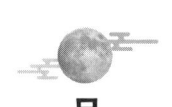

月瞑想ワーク3　正語
～心の奥底にあるメンタルブロックを打ち消したい時

ここでも、今までの月瞑想の基本として、**満月を眉間の前方で描いてください。**まん丸の満月を想い描いてください。

そして、**あなたが打ち消したいメンタルブロックを指定してください。**

例えば、「お金に関するメンタルブロック」とか「恋愛に関するメンタルブロック」など、どんなことをしようとすると、途端に「罪悪感」が発生するのか？　あるいは、なかなか叶わない目標や夢などがありましたら、「結婚に関するメンタルブロック」などと指定してみてください。

過去の時の中で修正したい記憶がありましたら、その場面も思い出してください。心に刺さっている人から言われた言葉などです。

そして、**次のマントラを心の中で唱えてください。**

「表現のブロック解除」

これが、マントラです。

今世の過去におけるトラウマやコンプレックス、あるいは過去世からくるメンタルブロックなども含まれます。そうしたすべての魂の記憶の中のバグの修正をするのが、この月瞑想の目的です。

この瞑想をすることで、魂のシステムが格段にスピードアップします。頭の回転も速くなりますし、忘れていた記憶の封印が解け、思い出されてくることもあります。

何度でもこの月瞑想を繰り返しやってみてください。

第四章　【正業】振る舞う　Play

では、第四章に入っていきます。

ここでは、**【正業】振る舞うこと**についての月瞑想について書いていきます。

そもそも、**正業**ってなに？と思うかもしれません。

これは、お釈迦様（釈迦牟尼仏《しゃかむにぶつ》）が、説かれた教えです。仏教では「八正道」と呼んでいます。第一章では、「正見」第二章では「正思」第三章では「正語」を実践してきました。そもそもの意味合いとしては、正しく見る、正しく思う、正しく語る、そして今回は**正しく業を積む**です。

仏教では、身口意《しんくい》という三密《さんみつ》を清めることを修行として行います。ですので、印を組むという行いをしたり、お経を唱えたり、ひたすらに心の中で仏を観じる（意図する）ことをします。これが、修行の原点です。

この本の月瞑想を通じて、皆さんはいとも簡単に高度な仏教修行レベルに到達できます。それらすべてのものが入れ込んであるからです。

例えば、第一章では、**「思考のブロック解除」**と習いました。

この意味は、あなたは本来仏と同じ力を有しているのだよ、ということに気づきなさいという意味です。これが**正見**です。


そして、第二章では、**「感情のブロック解除」**と習いました。

行動を妨げるもの、それは感情です。感情というものは、条件反射的に出てきてしまいます。その条件反射的に出てきてしまうものをいつまでも放っておいたら、どんどん負のエネルギーが溜まっていってしまいます。そうしたネガティブな感情のエネルギーを打ち消し、本来の自身の健全な感覚を取り戻していく作業が**正思**です。


そして、第三章では、**「表現のブロック解除」**と習いました。

記憶というものは、言語という一種のプログラミングでもって、出来上がっています。そのプログラミングを間違えたままにしておくと、心が誤作動を起こしますよ、だから、誤ったプログラミングは正していきましょうね、ということが**正語**です。自分にも他人にも正しい言葉遣いで、間違ったプログラミングをしないという意味です。

そして、今回は**正業**です。**業**とは、カルマのことです。カルマというと、怖い感じもしますが、**行為、行い**といった意味合いです。私は、**「振舞い」**としました。

いかにして振る舞うかで、その人の人となりって見えてきますよね。苦しくても明るく振る舞える人もいれば、いつもいつもイライラ振る舞っている人もいます。それだけで、周りに放つ波動バイブレーションはだいぶ違ってしまいますよね。で、その違いは巡り巡って、結局自分に返ってくるんです。ブーメランのように。だから、カルマって言うんです。

よく、悪いことが起こると、それは前世のカルマだね、なんてお坊さんや占い師さんなんかに脅されるでしょう。それです。ですから、振る舞っていることが返ってくることをカルマの刈り取りなんて言うんです。イエスもよく言っていたでしょう。撒いたものは、刈り取らなければならない、なんてね。今も昔も、そのようにできているわけです。

ですから、ここでは、振る舞い方を良くするにはどうしたらいいのかをお話ししていきます。

正見の月瞑想で、ありのままの自分を感じて、

正思の月瞑想で、感情をコントロールして、

正語の月瞑想で、心の中の罪意識を取り去りました。

そして、何度か書いていますように、この宇宙からすれば、私たちが願うことなんて、本当に小さなことなんです。いとも簡単に成し遂げられてしまうことができるのです。その宇宙ってどこにあるのでしょう？

空に見えているのも宇宙でしょうし、僕たちスピリチュアルカウンセラーにとっての宇宙といえば、霊界もまた宇宙と言えるでしょう。でも、一番身近にある宇宙があります。それは、**心の中の宇宙**です。

宇宙を神や仏とするならば、私たちの心の中にこそ、その宇宙はあります。

それはなぜでしょう……そう、先ほども書きましたように、私たちの魂は神や

仏といった存在のチカラをコピペされた存在であると。で、あるならば、魂の中核であるところの心には神様と同等のチカラが宿っているはずです。だから、人間は尊いのだと思います。神様と同じなのですから。

あの三波春夫さんの有名な言葉があります。

「お客様は神様です！」

これはよく勘違いされて、お金を払ってくれる有難い存在だからお客様は神様だ、という意味だと思われています。

実は、そうではなく、人間は神様なんだから、人間が歌を聞きに来てくれているということは、神様が聴きに来てくれていると思って歌わなければいけない、という意味なんですね。全然意味合いが違ってきます。

だから、あなた自身にも神様が宿っているんですよ。心の内に。

だから、尊い存在だと言い切れるんです。

その心の中にある宇宙の声を聴いてごらんなさい。

耳を澄ませて、心の声を聴いてごらんなさい。


何て言ってます？

どうなりたいって言ってます？


その声が大切なんですよ。だって、それがまさしくスピリチュアルメッセージであり、ハイヤーセルフの声でもあり、守護霊の声でもあるんだから。

君は素晴らしい存在なんだから、何でもできるんだよ、願ってごらん、君が心底そうなりたいと思うように願ってごらん、願っているうちに、僕と同調してくるよ、はじめはエゴな思いで願っていたとしても、この僕と対話しているうちに、きっとそんなつまらないことは願わなくなってくるから、そう、愛のない願いはつまらないと思えてくるから。

そんな声が聞こえてきます。

それが、心の中の宇宙からの声です。

その声を、耳を澄ませて聞いてみましょう。

内なる宇宙があなたを導き出します。あなたの理想を形づくり始めます。あなたの内に理想郷を形づくり始めるのです。

あれが欲しい、これが欲しいも、きっとそれはあなたの理想郷に必要なもののひとつにしか過ぎないことに気づきます。本当の理想郷を探してみましょう。

ここで、あなたは気づくはずです。

嫌だ嫌だと思っている現実は、実はあなたの心の状態の合わせ鏡であることに。

そう、あなたが本当の心の声に気づくことで、その現実は確実に変わり始めることでしょう。

あなたの心が変わると、現実も変わっていく……この本当の意味がわかることでしょう。

こうして、心の中の宇宙の声を聴き、その結果、日常の至る所に、奇跡を体験した人は、行動に確信波動が備わってきます。その確信波動は、またその人に奇跡を引き寄せていきます。

そうした確信波動の極みみたいな存在がいます。それは、**アメノミナカヌシ**という神道系の神様です。彼の発する言葉の通り物事が実現し、心に思ったことが突如として現れます。これは、**究極の引き寄せ波動**を備えた人の姿です。

巻末に目的別の月瞑想法として、このアメノミナカヌシには、また登場していただき、このパワーの伝授をしていただく予定ですので、お楽しみに。


まず、引き寄せ初心者の私たちは、種をまくことから始めましょう。

そして、段々と引き寄せ上手になっていきましょう。

先ほども書きましたが、カルマの法則として、撒いた種は刈り取らなければならない、あるいは原因結果の法則のように、原因があって、結果ありのように、物事にはつじつまが合うという法則性があります。

であるならば、この法則を逆手に取れば面白いことが起きます。

悪いことをしたら、そのしっぺ返しみたいなつじつまが合うのではなく、**先にいいことをドンドンやってしまえばいい**のです。

たとえ、今が不遇だったとしても、ドンドンいいことをやってしまえば、そのうちつじつまが合ってくるのです。

因縁果報《いんねんかほう》というと、撒いた種は必ず刈り取らなければならない的な少し怖い話ですが、**因縁生起《いんねんしょうき》**という考え方を持つことで、引き寄せ力は格段に上がります。これは、種を撒くだけではダメで、そこに**縁**という条件が大切になってくるんですね。単に撒いた種は刈り取るという単純な法則ではなく、様々な条件が絡み合って、この世の事象は成り立っているという仏教の考え方です。

条件とは肥料だったり、水だったり、お日様だったり、いろんな条件が揃ってはじめて結果が出るということ。では、現実社会においての条件といったら何になるか……それは、人様です。ご縁です。

だから、先にドンドン常にいいことをしておくわけです。お金があれば、お布施すればいいんです。おごってあげたり、いろいろと気を利かせてプレゼントをあげたり。お金がないんだったら、物でもいいし、それもなければ、時間でもいい、それもなくて何もないっていうんだったら、笑顔を差し上げればいいんです。それなら、誰でもできるでしょう。それを、**顔施《がんせ》**って言うんです。そうやって、周りに気を利かせて、気を配って、気を回していけば、さっきの条件としてのご縁となって返ってくるんです、絶対に。
だから、因縁生起っていう考え方を常にしておいて、ご縁を大事にしておくことです。

そうしているうちに、種さえ植えておけば、そのうち芽が出てきます。心に思い描いた理想が、この世だから、三次元だから、少し遅れてやってくるんです。

先にいいことをやって、エネルギー的には貯金できているわけですから、現実はそれに追いつこうとドンドン向こうからやってくるようになる……人を介して。

それがご縁です。ご縁の有難さです。

そんなことを、2600年も昔にたくさん聞いていました。
お釈迦様が、ゴータマシッダールタから悟りを開いてゴータマ・ブッダとなってから。たくさんのお話を聞きました。

それが今でも心の奥底の記憶となって残っています。


その当時、ブッダが気合いの入った説法などしている時には、UFOなんかも来たりして、今も昔も同じだなって思います。

なんで、そんなことがあったかといえば、当時の私たち庶民には、聞いてもさっぱりわからないようなこともよく言っていたんです。

そう、それは、宇宙科学につながる話です。今でいうと、量子力学の話です。空《くう》の話になると、必ずその話になります。

だから、当時の人にしてみたら、わからないことだらけで、よくシャーリプトラは質問攻めにしていましたね、ブッダを。


想いは時空を超えていきます。それはなぜか……人の想いには質量がないからです。

質量がないということは、光の速度を超えていけることを意味します。ヒッグス粒子という仮想上の粒子が素粒子の回転を抑制し、そこに質量が生まれているとすると、光の速度もそのヒッグス粒子の影響を受け、光速までしか出せないでいるわけです。ですからその縛りのない想いは、光速を超え、すなわち時空を超え、過去へも未来へも行くことができます。

この第四章では、**過去**にその想いを向けていきます。そして、過去・過去世へとカルマの修正をしていきます。

先ほどの第三章においては、過去の**記憶**のDNAを修正しました。

今度は**振舞い**です。

きっと皆さんは疑問に思うはずです。**過去の振舞い**を修正できるのかと……できます。少なくとも、**過去においても種を撒き直す**ことはできます。それが良き今を作る種にしていくことで、今をも変えていくことができるのです。

もちろん、これから、未来を変えていくほうもやります。まずは、過去からです。

では、ワークへと入っていきましょう。

月瞑想ワーク4　正業
～目的達成のための行動力をアップさせ出会いを引き寄せたい時

ここでも、今までの月瞑想の基本として、**満月を眉間の前方で描いてください。**まん丸の満月を想い描いてください。

はい、そうしましたら、過去において、身内や他人に対して傷つけてしまったり、ついつい心とは裏腹な態度をしてしまったり、**修正したい振舞いを思い出してください。**

魂的に振舞いとして癖になっている部分がありましたら、それらを修正していくために、**次のマントラを心の中で3回唱えてみてください。**

「行動のブロック解除」

これが、今回のマントラになります。

過去の振舞いを反省して修正することで、今の自分にそれが返ってきます。

もちろん、未来にも影響を与えていきます。


先ほどの第三章においては、言語によるプログラムミスを修正しました。

今回は、そこも絡んで行動や振舞いとして現してしまったことを、その時に遡り、修正をかけていきました。この月瞑想ワークも繰り返し行っていくことで、さらに思い出されることがあれば、それらをドンドン修正していくことができます。ぜひ、試してみてください。

その結果、今という自分にどんな変化をもたらしたか、感じてみてください。

第五章　【正命】落とし込む　Keep

ここまでの月瞑想の流れを、振り返ってみます。

満月を改めて、しげしげと見上げてください。
そして、感じてみてください。
感じたことを表現してみてください……「美しい」とか。
そして、その美しいと感じたのなら、それを振る舞ってみてください。
踊りたくなったら、踊ってみてください。

月を見たら、美しいと感じた……
美しいと感じたから、
ついつい一人踊りたくなり、踊った。

こんな感じです。

月瞑想とは、人の**色（しき）受（じゅ）想（そう）行（ぎょう）識（しき）**という**五蘊**《ごうん》の流れに従って、それを整えて、自然な魂の状態にしてあげる作法です。

五蘊というのは、物質界と精神界の両面にわたる因果律《いんがりつ》のことです。もっと簡単に言えば、魂の感じ方と肉体の感じ方の関わり方を示しています。人は、どう感じて、それをどのように受け止め、想いをしまい込むのか、そのしまい込んだ想いはどのように作用するのか……こうしたことを突き詰めていった哲学的な部分も仏教にはあるのです。

それは、当時のお釈迦様がかなりの哲学者でもあったからです。教えを説く導師、宗教者としての側面もあれば、教学を説く学者的な側面もありました。そして、宇宙の理を根本から説かれる人類の教師でもあったのです。

ですから、お釈迦様をどの面から眺めるかによって、スピリチュアルな大導師にも見えれば、孔子のような人間完成の道を説く道徳者にも見えますし、大学で教鞭を揮う学者にも見えます。

この辺りがいろいろと難解な宗教になっている原因でもあります。

まあ、難しいことは抜きにして、第五章**「正命」**へと入っていきます。
正命を落とし込む＝**Keep**と訳しています。この意味から説明していきましょう。

正命ですから、**正しく命を使う**という意味合いがあります。

この世における命とはなんでしょう？

それは、きっと**「時間」**だと私は解釈しています。

要は、寿命です。それこそが、命です。その寿命を正しく使うわけですから、タイムイズマネーと思って、大切に時間を使っていくことだと基本的に思うわけです。

ただ、もう一つの正命の意味合いとして、この世に生まれ出ることができたことで、**どれだけ、この世においての体験経験を持って帰るか**という視点もあると考えています。

すなわちそれは、**この世にいる間における情報のインストール**です。

要は、ドンドンと腹に落とし込んでいくのです。重要なことは、**腹落ちさせる**ということ。

なぜなら、人は死んであの世に旅立つ際に、持って帰れるものは、「心」のみです。それは、心に刻んだ想いを持って帰るわけです。**ちょっとやそっとの思いでは多分持って帰らない**のです。

例えば、小学校の同級生の名前ってどれぐらい言えますか？　中学校はどうですか？　きっと腹落ちしているクラスメイトしか覚えていないはずです。それが**インストールされたこと**です。

経験も同じです。人は楽しかったことよりも、辛かったことを記憶しているとよくいいます。それは、多分腹落ちといいますか、深く潜在意識レベルまで染み渡りやすいのが、いやな経験だからだと思います。ここでは、やはり、**いい意味での腹落ちをさせていきたい**と思います。

ここで、**U理論**というものを少し紹介させてください。

簡単に言うと、外側に自己を向けるのではなく、内側に向けることで、大いなる智慧とつながり、必要な情報が勝手にインスピレーションとして入ってくる状態——**プレゼンシング**といいます——その状態へ導くのがU理論です。マサチューセッツ工科大学のオットーシャーマー博士が編み出した理論です。

ダウンローディングによって、過去のパターン（これは悪習や悪癖など）からいったん離れ、自己を見つめ、感じ、そしてつながり、それを結晶化させ、さらにプロトタイプしていくという手順です……なんか、これまでお話ししてきた月瞑想のやり方と似ていませんか？　結構、仏教理論入っていますねという印象です。

これは、いい悪いでお話ししているのではなく、仏教という東洋思想のみならず、世界的にどうも、こうした方向に向きつつあると感じているので、ご紹介させていただきました。

百匹目のサル現象ではありませんが、どこかでドンと一気に流れが変わる瞬間ってあると思います。この精神世界においても、今そうしたことが起こっていると感じています。精神世界ばかりではなく、こうしたトレンドは、ビジネスの世界、そして医療の世界などでは著しく来ている気がしています。

さて、話がずれましたが、元に戻しましょう。

この正命の月瞑想は、これまで身に付いた習慣を見直す必要がある場合に、とても有効です。**悪癖や悪習などの悪習慣を改善させる効果がある**のです。

例えば、三日坊主。

きっと、この月瞑想も、よしやってみようとは思うかもしれませんが、そのほとんどの場合、続かない、三日坊主になるといったことが出てくると想定しています。でも、ご安心ください。大丈夫です。この正命の月瞑想をぜひやってください。これで、そういった嫌な習慣化は改善するはずです。

重要なことは、**「今ここ」に集中できる**ことです。

当たり前ですが、**僕たちこの世の住人は常に、「今」を生きているのです。**

過去に生きたり、未来に生きている人はこの世にはいません。常に、「今」にいるわけです。

ですので、**今ここを常に意識し、そこを改善する**ことで、実はいとも簡単に、継続できないなどの悩みは解消していくのです。今ここに集中できずに、過去に囚われたり、あるいは、まだ訪れていない未来に対して常に不安を覚えていたりすることで、今が捗《はかど》らなくなっています。

ですので、この正命の月瞑想では、今ここに集中できるようにして、さらにソースという宇宙の源の情報にアクセスしていきます。

そこから必要な情報がダウンロード（腑に落と）され、そこからさらにインスピレーションが湧いてくるようになります。

それが、ここで履修する正命の月瞑想です。

では、実践に入っていきましょう。

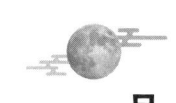

月瞑想ワーク5　正命
～失敗パターンを改善して、良き習慣化の波を作りたい時

それでは、いつものように、**基本の月瞑想のスタイルを作ってください。**

ここでは、**少し呼吸を整える作業を多めにしていきます。**

そして、なるべく、**正見、正思、正語、正業までの流れを作ってから、この正命の月瞑想へと入っていく**ようにしてみてください。


では、**改善したい過去のパターンは何か、それを指定してください。**

具体的に例えば、試験の勉強をしているけれど、いつも寝てしまって、なかなか思うように捗らないなど、その情景を思い浮かべてみてください。


はい、思い浮かびましたら、**次のマントラを3回心の中で唱えてください。**

満月を眺めながら……

「時間のブロック解除」


このマントラを3回唱えてみましょう。

そして、**もう一回、過去のパターンを思い浮かべてみてください。**


いかがでしょうか?

あまり、浮かばなくなっているかと思います。それで、大丈夫です。

そうしましたら、次に**「どう、改善していったら、いいか?」それを自問自答してみてください。**

うまく、ソースとつながっていたら、インスピレーションがポンと降りてくるかと思います。

もし、うまくいかないようでしたら、再度同じように繰り返しやってみてください。慣れてくると、うまくソースとつながりやすくなっていきます。

第六章　【正進】楽しむ　Enjoy

それでは、第六章の**「正進」**へと進んでいきましょう。

本来は、**「正精進」**ですが、全部二文字で統一したいので、ここは敢えて「正進」にしています。道に正しく精進するという意味です。

しかし、ここでの私の解釈は真逆で、**「楽しむ」enjoy**と訳しています。

それは、なぜでしょう……ここが、実は2600年前と今の一番大きな違いではないかと思っています。


一番様変わりしたこと、それは、**教育**ではないかと考えています。

人々が一様に教育を受けられる時代になったということ。そのことにより、**昔みたいに一生懸命に修行をしなくとも、ある程度の知恵は等しく与えられている時代になった**ということです。

特にインターネットの普及により、情報が著しく開放されました。ひと昔前は、一生懸命に努力した、ごく一部の方々から、いろんな教えを受け、それで少しずつ、知恵を蓄えていったものですが、今はどんな情報でも大抵のモノは検索することができます。

そのことによって、私は大きな宗教改革がなされたと考えています。

それは、カリスマ教祖型宗教から、多様的コミュニティ型宗教の時代へと突入したということだと思います。

たとえば、音楽です。昭和の時代は、カリスマ、大御所という存在が突出していましたが、今はどうでしょう……多様性の世界へと進化し、昔はオオバコのディスコ全盛だったものが、今や、ハコは小さいながらも多種多様なクラブへと進化しています。

本の世界もそうですし、ビジネスの世界もそうなってきています。要は、開かれたコミュニティ型に様変わりしてきているということです。

そのことにより、多くの人が平等に多種多様な情報を享受できる時代へと入ってきています。

しかしながら、まだ感覚的には、頑張らなくちゃとか、道を外れずに精進しなくちゃ……といった考え方にとらわれている方々の相談にたくさん応じてきました。それも一種の「罪悪感」で、こうでないといけない的な発想にとらわれているのです。

しかし、今は時代としてはすでにそうではなく、自由であること、他人と違っていることを、楽しむ時代になってきていると感じています。

よく、日本的社会は私には合わないという相談を受けます。これなんかも、こうでなければならない的な発想がまだまだ日本には根強く残っていることから、そうした相談が後を絶たないのだと思います。

ですから、ここは2600年の時を経て、お釈迦様には礼を尽くし、精進を敢えて「楽しむ」と解釈させていただきました。決して、ふざけているわけではありません。その道を楽しむ境地です。**苦行ではなく、楽行**です。

ここで、勘違いしてほしくないのですが、楽をして事を成せと言っているのではなく、**楽しんで事に当たれ**と言っているのです。**どうせなら、楽しく行こうよ！**という心境です。

そのことにより、とっても、素敵なことが起こり得ます。

それは、**ワクワクやウキウキという波動は、潜在意識の扉を開くカギになる**ということです。

苦しい、けど、やらなくては……よりも、**楽しい、だから、もっとやりたい！**という心境になっていくことで、過去世のパーニャパラミタ（般若波羅蜜多）が湧き出てくるのです。そう、それは、潜在意識の扉が開け、過去世の智慧が湧出していく様を表します。

ですので、苦しむことよりも、楽しむというエネルギーのベクトルへと転換していきたいと思います。

過去世の経験として、宗教的な魂の方、特にカソリック系は、罪の子意識が強く、この楽しむというエネルギーへのシフトをぜひお勧めします。あるいは同じく過去世の魂経験が、禅宗系の方などは、頑固な方が多く、「こうあらねば」と考えがちです。生真面目過ぎるのもまた苦しいものです。ですので、こうした方も、悟りへの道を楽しんで歩んでいってほしいと思います。

私自身も、20代前半の頃は、そのどちらの経験も積んでいる関係上、勝手に罪悪感をつくり、それに苛まれていました。

その時に出会った一冊の本があります。「なまけ者の悟り方」という本です。内容よりも、タイトルに救われました。まさに自分だと。こんなに怠けてばかりで、俺はダメな人間だと、自己処罰の思いが強く、いろんな煩悩に苦しんでいました。若さからの生真面目さと好奇心と肉体煩悩なども絡まり合い、とても苦しかった記憶があります。その際に、その本のタイトルに思わず、手が出て、衝動買いしたのでした。

今でも、罪悪感を覚えやすく、頑固な面が強く出やすい自分ではありますが、なまけ者にはなまけ者の悟り方があるように、山登りをたった一つのルートのみと決めつけずに、**どこから登ろうとも、その途上を楽しむ境地**をぜひつくり出していただければと思います。

この「楽しむ」という月瞑想では、いろんなことを楽しんでいただきたく思っています。

たとえば、普段の相談でこんな相談がよくあります。女性の仕事に関して、仕事か結婚か、あるいは男性社会の中で認められない、思うような自分になれないなど、かなり多くの仕事に関する相談に応じてきた中で、見えたことは、そのほとんどの女性の方たちは、前世でも女性であったということ。

人の前世は数百年サイクルぐらいで生まれ変わります。今から数百年前というと、日本なら江戸時代です。当時の欧米も同じと思いますが、女性の社会進出はまだの時代。要は、**仕事を魂の経験として培ってきていないことから、今の時代に新しい魂のスキルとして仕事領域に挑んでいる**というのが、私のスピリチュアル的考察です。

対して、男性は、戦や戦争などを通じて、組織の中で買い慣らされてきています。ですので、ある程度我慢ができたり、自分を捨てることができやすいわけです。ですから、制度上いくら男女同権にしても、その辺りの葛藤は出てくるのだとみています。そのうえ、家事や育児との両立といったこれからの時代の魂スキルに挑みながら、悪戦苦闘している、そう見えるのです。男性は過去世の時代も同じく、家は家、仕事は仕事で割り切って生きていくことに悲しいかな慣れている部分があるのだと思います。

ですので、長い観点で考えれば、女性の社会進出に関するリスクや、逆に男性の育児など、**新しい分野を切り拓いている**と思って、楽しんでいきたいものです。

この第六章での「楽しむ」は、本来アウトプットやオートクライン（自己分泌）を意味しています。要は、結果にコミットすることで、自分の能力を引き出すということです。

ただ、それも結果にコミットするあまり、その後しばしばリバウンド現象を起こしてしまったり、息切れしてしまいます。ですから、少し力を抜いて、力まずに、程よい音を奏でる弦のように、適度な締め具合でいたいものです。

緊張の中からは、最高の技は生まれません。

適度な緩みが何事にも必要です。心の世界においても同じで、適度な緩みを持たせながら、その道に精進していきましょう。

では、月瞑想6正進に入っていきましょう。

月瞑想ワーク6　正進
～積極的にアウトプットできる自分になりたい時

それでは、今回も**基本の月瞑想をしていきましょう。**

そして、**目を瞑りながら、イメージワークとして、あなたが、そのことを楽しめない「罪悪感」をおにぎりを握るように、手のひらで丸めて集めていきましょう。**

しっかりとそのおにぎりに詰め込むことができたなら、**そのおにぎり状のエネルギーを、**

「宇宙に還元する」

と指定し、向こう側に押しやってください。

そうして、いったん罪悪感を返還してから、**心の奥底に向かって以下のマントラをゆっくりと3回唱えてください。**

「努力のブロック解除」

もし、まだエネルギーが満ちて来ない時は、再度このワークを繰り返してみてください。

何度かやっているうちに、いつの間にか、「よし、やってみよう！」という感覚になってくるかと思います。そうしましたら、大丈夫です。

ここで行った「還元」という作業は、原子還元処理という作業になります。いいも悪いももとはエネルギーです。例えば、お金というものも、お札と見ないで、メディアと見なし、そのメディアに込められたエネルギーが千円とか一万円と考えてみてください。そのエネルギーそのものはいいも悪いもないはずです。有効に利用できれば善のエネルギーとなりますし、このお金でもめたりすれば、欲のエネルギーとなります。

このように、もとは同じエネルギーでも、こちら側の意図によって、いかようにも変質する特性があるのです。ですので、いったん負のエネルギーを、原子還元し、新たにチャージするという手もあるのです。

エネルギーは常に循環しています。その循環しているエネルギーに色を付けるのは、人間の性です。ですので、たまには、こうしたエネルギーワークをして、**どうにもできないエネルギーはいったん原子に戻せば、その時点でリセットされる**のです。

執着といって手放さないことによって、色は付いていきます。その色は、私たち人間の想いでもって、着色しているのです。その想いが自己の中でリセットし切れない時は、原子還元処理をしてみてください。

そのエネルギーは、再び無色透明となっていくことでしょう。

第七章　【正念】共有する　Share

それでは、第七章「正念」に入っていきましょう。

ここから少しスピリチュアル色が濃くなっていきます。

それは、なぜかと言いますと、**「正見」「正思」「正語」**では、自己限定を取り去り、ネガティブな感情を打ち消し、奥底にあるメンタルブロックを解消していき、地に足を着ける、言わばグラウンディング系の瞑想ワークを学んできました。

そして、**「正業」「正命」「正進」**では、古き悪しきカルマの修正をしていき、新たな心地良いカルマづくりの方法とその習慣化落とし込みの月瞑想を行い、その過程プロセスを楽しんでいくというわば、苦楽中道の歩み、センタリング系の瞑想ワークをやってきたのでした。

そして、この第七章と最後の第八章においては、**「正念」「正定」**というチャネリング系の瞑想ワークに入っていくからです。

チャネリングというとどんな印象がありますか？

怪しい感じとかありますよね。

しかし、グラウンディング・センタリング・チャネリングというこの3つのエネルギー調整は、日本語で表すとこうなります。

天・人・地

です。

順番は逆ですが、西洋も東洋も同じ地球なので、言葉は違えど、受け取る情報は同じなのです。

天とつながるのがチャネリングです。人となりを整えるのはセンタリングです。そして、地と一体となるのはグラウンディングとなります。

易や占いといった世界でも、この天・人・地という三才のバランスという思想があります。洋の東西問わず、こうした共通した考え方があるのです。そして、この第七章においては、「つながる」「同調する」がキーワードになります。

月瞑想を通じて、天とつながり、宇宙の富と豊かさに同調していくことで、天の助けを得ていくことができるようになっていきます。

つまり、願いをかなえる直接的な瞑想となっていくわけです。

これまでの第六章までの月瞑想は、そのための整えです。自己調整のための瞑想です。

そして、いよいよここからつながっていきます。

準備はよろしいでしょうか？

実は、人間はみんな霊能者です。チャネラーでもあります。

虫の知らせなどもその一例です。霊感、直感、第六感みたいなものは誰にもあります。意識して使っているか否かの違いだけです。

特に女性は子供の魂を宿すのですから、凄い霊能力です。違う魂が、赤ちゃんの肉体が出来上がるまでの間、同じ肉体に同居するわけです。一種の憑依《ひょうい》状態になり、つわりや味覚の変化や感覚の変化が伴います。赤ちゃんの魂の霊格とお母さんの霊格が同じレベルで、性質も似ている時は、つわりは優しいですが、その逆の場合、とてもつらいものとなります。自分はどうであったか、お母さんに聞いて検証してみると面白いです。

さて、そのほかにも、アイデアや閃《ひらめ》きというものも、チャネリング能力によるものです。どこかとつながり、降ろしているわけです。あるいは、デジャヴなんてものも、そうです。デジャヴとは、時空のずれがなにかしらの理由でできた時に起こります。例えば、運命変更した時。何かの閃きで突然の運命変更が起こったりします。それは言わば、天から運命変更の決定があり、それが閃きを起こし、その閃きの結果、運命が変更され、時空合わせのためのデジャヴが起こるという原理です。

私は、長いことスピリチュアルカウンセラーとして、あるいは霊的世界の探究者として、様々な事象をスピリチュアル的視点でもって、仮説を立てて実証してきました。本当に、仮説の通りになっていくのか……自分の人生を使って、いろんな検証をしてきたのです。相談事においても、よく私の口癖は、**「経験したことしか語らない」**でした。

これは、私自身の人生計画上、多くの人の痛みや苦しみを理解するために、いろんな人生のシチュエーションを用意してきたようで、そのことに気づくまでは、私自身の運命を呪いたくなるくらい、様々な経験を余儀なくされてきました。しかし、ようやく今はそれが珠玉の如き、宝物であると思えるようになりました。その昔はとてもそんなふうには思えなかった自分がいたのです。「何で自分だけ……」と嘆いてみたり、成功者を見ては、「どうせ悪いことしてんだろ」とかひがんでみたり、よくある「今に見ていろ……」と言っているタイプの人間でした。その頃は、金縛りにもよく遭い、幽霊といった類のものばかりが見えていました。両方ともに、あまり波動のよろしくない系のエネルギーを引き寄せていたわけです。

それが、自分の思考や意識といったものが変化していくうちに、そうした類の現象が少なくなり、逆に光に包まれたり、天使が微笑んでいたり、そうした光ある者のほうに意識が向くようになっていったのでした。

この宇宙といいますか、私たちの住んでいるこの空間は、目には見えませんが、いろんな電波・念波といったものが飛び交っています。それらのものを常に受信しながら、私たちは生きています。私たち自身がスマホだと思ってもらえばわかりやすいです。常に受信状態なのです。で、問題は、**どこにつながっているのか?**ということです。

どうせなら、楽しいほうへ、明るいほうへつながっていたいですよね。だったら、自分の中にあるチャンネルをそちらに合わせることが大切です。

暗く寒いほうへとチャンネルを合わせずに、**明るく暖かなほうへとチャンネルを向けて生きましょう。**それが、まず大事な考え方です。

この宇宙のシステムは完璧です。あなたが願ったものを当てがいます。あなた自身は無意識のうちにそう願っているのです。それが、今現状現れている現実なのです。その現実を変えていく方法は、その逆をやればいいわけです。無意識に願っている状態から、意識して、意図して、願うことです。しかも、それが心底ストレートに願えれば、その実現速度は格段に上がります。システムである以上、正確無比なのです。

それでは、これから明るく暖かな世界へとつながれるように、月瞑想をしていきましょう。**叶えたい願いを宇宙に届けるための月瞑想**です。

月瞑想ワーク7　正念
～あなたが願う未来を宇宙に届け、自己実現したい時の月瞑想

それでは、**基本の月瞑想のスタイルでもって、呼吸を整え、月を見つめていきましょう。**

そして、月に願いを届けていきます。

ここで、この本の最初に書きました**「宇宙にオーダーするための手紙」**の中から、なるべく一つに絞り込んで、まずこれを叶えたいというものをここではお願いしていきましょう。

もう、ここまで来ると、皆さん潜在意識がかなり整ってきていますので、自信を持って、願いを宇宙にオーダーしてください！　もう、大丈夫です。

ここで、一点気を付けてほしいことは、**愛と感謝の波動が、その願いに同調するか**という点です。

極端な話、誰かを呪い殺したいと思ったら、その波動は、愛と感謝の波動ではありません。あなた自分が、そして願いとして発する言霊が、愛と感謝の波動に同調できるかを確かめておいてください。

そのチェックが終わりましたら、ここから願いを届けていきましょう。

まず、月を見ながら、次のマントラを3回唱えてください。

「つながりのブロック解除」

そう、この宇宙は、富と豊かさの波動に満ち溢れています。富も豊かさも、愛と感謝の波動がもととなり、それが地上に現れた時に、富や豊かさになるのです。あなたの願いもそれが叶うことで、きっとあなた自身が富むか豊かになるはずです。

このマントラは、あなたに、発展繁栄のエネルギーを降り注ぐためのものです。その波動、波長に合わせていってください。

この章の最後に、なぜ「正念」が、共有する Share なのか……

それは、もうおわかりだと思いますが、富を独り占めしますか？　あなただけ豊かでそれを豊かだといいますか？　そう、**富や豊かさとは、分け与える心が大切です。**

あなたはすでに成功への道に入っています。ですので、常に分け与えるマインドを持ち、それを実践する者となってください。そうでないと、いつの間にか、得た富や豊かさは拡散していってしまいます。だから常に愛と感謝の波動を大切に、忘れずにいてください。

それでは、いよいよ最終章へと入っていきましょう。

第八章　【正定】観る　Zone

第一章は、この第八章と同じく、「みる」でしたが、第一章では、**「見る」**でこの第八章では**「観る」**となっています。

英記においても、**See**に対して、**Zone**となっています。

この違いとは、なんでしょうか?


この八正道とは、「正見」から始まり、「正見」に終わるというような言い方をします。要は、みることって奥深いんです。

自分を俯瞰して見ることから、月瞑想を始めていきました。

まあ、その事前準備として、「在り方」というものもありました。しかし、本チャンの八正道をもとにした月瞑想メソッドにおいて、見ることから始まり、観ることで終わる。これが、八正道の心だと思っています。

堅いことは抜きにして、では、この**観る**ってどんな意味でしょう?

思い出していただきますと、

「観測したことが事実になる」

あるいは、

「意図して、見たことが実現する」

こうしたキーワードを散りばめてきました。

意図してみることが、観るであるといっていいのだと思います。

量子力学的に考えてみますと、観測したことが事実になるわけです。ですから、はじめは、今ある課題や自分、あるいは成し遂げたい願いなどを俯瞰して見た時に、この宇宙の大きさからみれば、そんなことは小さなことじゃないかと、自己限定が外れていきました。

しかし、頭ではそう思えても、勝手に出て来る感情というものがあります。その感情も実は磁場を持ったエネルギーであると習いました。だから、反対のエネルギーを照射することで、打ち消すことができるんだとお教えしました。

そして、表面的な感情をクリアにし、その根っこにあるメンタルブロックをも、DNAレベルで打ち消していきました。

その結果、行動力がアップして、積極的な習慣化の波をつくることができ、これからの成功へのプロセスを楽しんでいこうよ！と打ち出してみました。だから、積極的にアウトプットして、ドンドン楽しんでいこうと……。

そこまで努力をしてきたなら、最後は運を良くしておこうということで、宇宙の富と豊かさにつながる月瞑想を前章ではお教えしたわけです。

そのことにより、この空間には、目には見えないけれど、いろいろな存在たちがいて、まだかまだかと支援したくてうずうずしているんです。そうした存在たちに守られたり、導かれたりしながら、私たちは生きています。生きている人間同士も寄り添い合って生きていますが、目には見えない存在たちからも、そうした恩恵を受けながら、私たちは生きています。

ここで、実は、**運不運**が分かれてきます。

前章で、つながるためには、分け与えることだよ、とお伝えしました。しかし、よくある話ですが、一生懸命に頑張っているのだけれど、なかなか思うような人生を送れなかったり、または頑張っているのだけれど、不運が押し寄せたり、なかなか思うような人生が送れないという人たちがいます。

かくいう私自身もそうでした。そういう性格でした。自分が、自分がと自分でやらないと気が済まない性格、俺が俺がといって、人の成長を待っていられない性格、こうしたところがありました。すると、人が段々と遠ざかっていきます。それでも、てやんでえと思って、また独りよがりで頑張ります。すると、人ばかりでなく、運も逃げていきました。それでも、こんちくしょーと思って、また自我力しゃかりきに頑張っていると、天にも見捨てられ、身内にも見捨てられたりもしました。最後には、「なんで、いつも俺だけ、不公平な世界だ」と叫ぶ始末でした。そうやって、ドンドンドンドンと世間から遠ざかり、人からも遠ざかり、ついでに運からも遠ざかっていくのです。

その原因は、

自分が見えていない、感情に振り回されている、汚い言霊を吐き続ける、過去の失敗パターンの行動を繰り返す、明らかに悪い習慣を見直そうとはしない、すべては三日坊主で継続化できない、常にひがみ根性を発している、その結果、ゾーンに入ることができないでいる。

ゾーンに入るとは、自分が普段使っているチカラ以上の潜在能力が引き出される空間に入ることです。それを仏教的には**「空（くう）」**と言います。

その空の状態になれないので、いつも自我力でいるので、燃費が悪いのです。他力を呼び込むこともできないし、ゾーンに入り、自分も知らないくらいのチカラを引き出すこともできないわけです。

以前の私は、そうした偽我という偽りの自分の状態を繰り返していたのでした。これは、ほとんど、わたくし話です。

こうした経験を積み重ねてきた結果、本当にこういう世界があるんだということに気づいた時、私は涙が出ました。心からの涙です。浄化の涙です。汚れた心を洗い流してくれる涙です。

そうした経験から、この**月瞑想**は生まれました。

見方を正していって、思いをクリアにし、言葉の調律を意識して、善きカルマを自分にも他人様にも積んでいくことで、それが良き習慣を生み出し、人生が笑顔で楽しく思えてきます。そうすると、人は自然と手を合わせて、天に祈ります。感謝をするようになります。そうして、この大宇宙とつながっていくのです。

その結果、得られる最大の宝物、それがゾーンという空間に入ることです。そうなることで、運が良くなるのです。実は、この**八正道を実践することで、運が良くなる**のです。

お金も要らないし、そんなに時間も必要ありません。今日からそうしようと思えばできてしまうことなのです。

それを瞑想というかたちに表したら、この**月瞑想**が出来上がりました。なんと、素晴らしいことでしょう！

この最高に運が良くなる瞑想法を皆さんに伝授できる、この幸せに感謝です。

さて、それでは、最後の月瞑想に入っていきます。

とても、簡単です。

最後は、やり方が少し違いますので、順を追って解説していきましょう。

月瞑想ワーク８　正定
〜最高に運が良くなる瞑想法

まず、背筋を伸ばしましょう。
そして、印を組みます。

ここで組む印は、
下図の通りです。

正面から
見たところ

自分から
見るところ

これは、観自在菩薩《かんじざいぼさつ》の印です。ただ、私はこれこそが千手千眼《せんじゅせんげん》観音の手印と感じています。ですので、ここでは、この印を組みます。

そして、次に**この印の上辺りに満月を想い描いてください。**

その満月を感じ観ることができたなら、**次のマントラを唱えてください。3回唱えましょう。**

「アヴァローキテーシュヴァラ」

少し発音が難しいかもしれませんね。でも大丈夫です。思い思いに発音してみてください。それで通じます。

そうした状態で、観ましょう……そう、自分の未来の姿を。

ありありと想い描いていきましょう。想像でも空想でも結構です。そんなことは気にしなくていいんです。想像も創造の第一歩です。ここで学んだ、月瞑想のステップを踏んでいけば、想像も創造レベルへと昇華していきます。安心してください。

そして、今あなたは、宇宙の二つのエネルギーベクトルと一体となります。一つは**観自在**のエネルギー……高い悟りを現すエネルギー、すべてが観た通りに自在になっていくエネルギーです。

そして、もう一つのエネルギー……**千手千眼**のエネルギーです。これは、千の手と千の眼でもって、一切の衆生を救いたいという慈愛のエネルギーです。

縦と横のエネルギーの交わったところに今あなたはいます。この大宇宙を統べるエネルギーの交わったポイントこそ、ゼロポイントフィールド、すなわち「空」の磁場です。

ここで願ったことは何でも実現可能です。
無から有をつくり出すことができる素晴らしい空間なのです。

あなたはいつでもここに還ってくることができます。

だから、安心して、今この地上において、妙なる「有」を生み出していってください。

無我ではなく、**有我**《うが》を目指してください。

有我とは偽我でも欲望でもなく、あなたなりの個性です。その個性を大切にしてください。そして、その個性を伸ばしていってください。それが**有我の悟り**だと私は言っています。

この有限の命を精一杯、この地上において使い切っていくために、いろんな夢や目的、目標を掲げてください。この月瞑想という瞑想を超えたエネルギーワークを習得することで、あなたは観自在に、そして、千手千眼のチカラを得ることができるのです。そのことを信じ、あなたのその宝物である個性を輝かせてください。

観自在は**自由**を表し、千手千眼は**愛と感謝**を表します。

自由に、そして慈愛の心で大いに羽ばたいていってください。

最終章　【正解脱】昇天　Ascension

さあ、いかがでしたか？

ここまで、見る〜観るまで、八つの月瞑想をお伝えしてきました。

見て、感じ、それを表現して、行動へと移行していく。

少し苦しくとも、それを継続習慣化し、それ自体を楽しんでしまいましょう。
苦しいのではなく、楽しい！と。
当然、楽しいと感じられるものは、勝手に他の人へと伝播していきます。
そして、それはとてつもないエネルギーを生み出していきます。

この一連の流れを体得することで、あなたは「空」というエネルギーの使い手になっていけるのです。

空というゼロ磁場のエネルギーの中において、いかにして「有」を創り出していくか……それを楽しんでください。
あなたの心の中にある宇宙は、あなたの意図通りに展開していきます。
ですから、自由にあなたなりの宇宙を創造してください。

そして、この月瞑想を体得していく過程で、あなたは気づくはずです。

「見えている世界が違う」

ということに。

そう、あなたの魂はすでにその時点で、次元上昇しています。
それを**アセンション**と私は呼んでいます。

一つ高い視点から見える世界はまた格別なものですが、その世界においてまた新たなる探求心が湧いてくることでしょう。

そう、**ここで「見る　See」という原点に戻る**わけです。

そして、**また新しい次元への道が見えてくる**はずです。

そう、**それは「在り方　Way」につながっている**のです。

あなたがその在り方を求め続ける限り、無限にその道はつながっていきます。
あなたは人生の主人公です。あなたのヒーローズジャーニー（人生の旅）はまだまだ続いていくのです。

理想に究極はありません。
理想は、この宇宙と同じく、無限に広がっていくのです。
そう、あなたの愛の想いは無限に広がっていくのです。

愛は無限です。この宇宙もまた無限です。
そして、あなたの人生も同じく無限に発展し続けていくのです。

それを**魂のスパイラル上昇**と呼んでいます。

そのスパイラル上昇は、また愛に気づく旅路でもあるでしょう。
身近な愛から宇宙の愛まで、いろんな愛に出会い、いろんな愛に育まれながら、魂の旅は永遠に続いていきます。

あなたがあなたで在り続けることで、宇宙は悦びに満ち満ちていくのです。
素晴らしい愛のエネルギーの循環がそこにできあがってくるのです。

では、最後のおまけの瞑想ワークです。

月瞑想　金の羽瞑想

1. どんな姿勢でも結構です。リラックスできる状態に身をおいて目を瞑ってください。
2. 胸の真ん中（ハートチャクラ）にまん丸の満月を描きましょう。
3. その描いた満月がドンドンドンドンドン拡大していくことを確認してみてください。
4. やがて、その満月にあなた自身が覆われていきます……
5. 金色に輝く満月に包まれている自分を確認していきましょう。

6. その柔らかな月のエネルギーがじわじわと染み渡っていき、あなた自身が金色に輝いていきます。

7. では、**ここでマントラを心の中で唱えてください。**

8. 足るを知るマントラ
「**ありがとうございます**」

9. その瞬間、金の羽が、遥かなる天空から舞い降りてきて、たくさんの金の羽に包まれていきます。**この金の羽を受け止めてください。そして、その受け取った金の羽を胸（ハートチャクラ）にしまっておいてください。**

この月瞑想は、感謝を知るための瞑想です。
感謝を知るということは、あなたが、この宇宙で生かされていることの意味を知るということです。

最後の瞑想ワークでのマントラは「**ありがとうございます**」でした。普段何気なく使っているこの言葉のチカラは強力です。何度使っても使い過ぎなんてことはありません。ですから、何度でも何べんでも使ってみてください。どの世界に行っても、どの宇宙へ旅したとしても、この共通語である「ありがとう」は必ず通じます。ですから、**ありがとうのエネルギーで自分を満たすことは、宇宙の波動と一体になることに他ならないのです。**

「ありがとう」のエネルギーで自分を満たしていくことで、宇宙と同調していくことができるのです。

ここで使っている**アセンション**という言葉は、そもそもイエス・キリストが天に昇っていくことを表す言葉です。イエスであっても、地上では見えなかったいろんな神様の意図が、天に昇っていくことで、明確にわかったはずです。

物事を俯瞰することで、見えてくることがいろいろあります。それは、その方の認識力という名の悟りが一段高まることを意味しているのです。

死んで天に帰って、俯瞰するのはなく、この地上において、一段高い所から俯瞰するには、やはり意識を拡大していくしかありません。いくら座学で勉強しても、いろんなスキルを身に付けても、見えてこないものがあるものです。それが人生のボトルネックになっていることはしばしばです。

ですから、**見ることから始め、空の瞑想まで実践していただき、自分の人生を俯瞰するところまでぜひ来てください。**

それだけで、人生が一変してしまう事例を、私はたくさん見てきています。

例えば、昔の思い出にこんなことがあります。

まだ私が小学校に上がる前ぐらいの頃、石畳の崖に登って遊んでいたことがあります。当時の私にとっては、10メートルぐらいの崖を登っていたと記憶していたのですが、大人になったある時に、その場所を訪れたことがありました。その時見た崖の高さは、何と今の自分の身長よりも少し低い程度だったのです。

まさか工事でもして、小さくなったのか?と思いましたが、どう見ても、昔と変わっていない風景なのでした。

何を言いたいかといいますと、意外とこのたとえ話と人生の問題って同じことが多いと思うのです。

その時には大きな障壁に見えたことも、少し経って、自分に余裕が出てきた時に、改めてその問題の最中の自分を振り返ってみると、なんでこんなことで悩んでいたのだろう……ということは結構あるはずです。

これは、思い込みとかから来ているのではなく、確実に**自分が成長していることに起因している**のです。

人が成長していく姿というのは、幼稚な人間が、だんだん神に近い存在へと進化していっているように私には見えるのです。進化というよりも、そもそも神様から分かれ分かれてきた個性体である私たち魂存在が、本来の神様と同等の能力を取り戻していこうとする姿であると思えるのです。

私たちがこの世に生まれてくる意味は、個性化していきながらも、同時に**元あったチカラを思い出していく作業**を繰り返し、繰り返し、生まれ変わりながら、培われているとみています。

きっと、その姿は、魂の親的存在である神様からすると、とても楽しみであり喜ばしいことであるのではないかと推測する次第です。

私のマイミッションというものがあります。それは、

「スピリチュアルを通じて、世界平和を実現する！」

というものです。これが、私の「在り方　Way」です。

その道の途上にこの本を執筆することも含まれています。

では、どのようにしたら、スピリチュアルで世界平和を実現していけるのか

……私自身、そのことに日々悩んでいます（笑）あくまで楽しく悩んでいます。

その一つの答えが、この**月瞑想**です。

月瞑想を通じて、一人ひとりの魂が輝いていただくこと。

それが出発点となります。


なぜ、それで世界平和が実現できるのか？

それは、世界が平和であるということは、世界中の人が、自分自身の存在意味を正しく知ることであると考えているからです。

苦しむために生まれてくる人はただの一人もいないのです。

みんな幸せを追求しに生まれてきているのです。

しかし、幸せといっても、人それぞれ価値観が違っていることでしょう。それで、いいのです。自分が幸せいっぱいで輝いていることがとても大切だと私は思います。仏教的にいえば、利他の前に自利があるのです。

自分をしっかりと満たすことができれば、自然とそこから溢れ出たエネルギーが人へと注がれていきます。

ですから、**重要なことは、今私は幸せです！と言えることこと**なのです。

そういった方を一人ずつ増やしていくことでしか、世界平和への道が私的には見えなかったので、その道を今行っています。

まだ道半ばですが、まずは日本中のあちこちで、自分の可能性に気づき、隠された自身の才能を発見して、オーラが光り輝きはじめる光景をワクワクして期待していようと思います。

すべての答えは、自分自身の中にこそある。

それを、この月瞑想を通じて、感じていただければ、とても嬉しいかぎりです。

最後までこの本をお読みいただき、誠にありがとうございました。合掌

【目的別】月瞑想法

ここでは、目的別に月瞑想を活用していく方法をお伝えしていこうと思います。

まず、はじめに、月瞑想を効果的に演出する**場の作り方**からレクチャーしていきます。

お部屋に、**音楽**が流せる環境と**アロマオイル**を焚ける環境があると、とても場づくりに良いです。

ここで最適な音楽は、**クリスタルボウル**の音源です。

私の知人に世界的クリスタルボウル奏者の牧野持侑《まきのじゅん》さんがいます。氏のクリスタルボウルが私は最適と思っていますので、いつもそれを使っています。ただ、クリスタルボウルの音は通常のスピーカーでは、音圧に耐えられないことがありますので、そういう場合は、スマホなどで聴いたほうが逆に良い音になります。どちらか試してみてください。

聴覚に続き、今度は嗅覚です。

私が設立した一般社団法人日本スピリチュアルカウンセラー協会にて、オリジナルのオーガニックアロマオイルをそろえています。そのアロマオイルを使い、この月瞑想をする際に、アロマディフューザーにて、アロマの香りを部屋全体になじませ、それから瞑想に入っていきます。これも、市販のもので構いませんし、アロマスプレーのようなものでもいいので、ぜひ使用してみてください。

この音と香りは、部屋そのものの磁場を整える作用があります。

そして、クリスタルボウルの音は、聞くだけで脳波がリラックスしていき、α波状態を瞬時に作っていけます。香りも直接、脳に影響を与え、リラックス状態をつくり出すのを手伝ってくれます。

そして、最後は、視覚。

これが、実は**月、満月**になります。

この視覚・聴覚・嗅覚の三点から、空というゾーンを作っていくことが外部的要素として容易になっていきます。

それでは、その状態を想定して、目的別月瞑想のレクチャーに入っていきます。

良縁を引き寄せるための月瞑想法【タマヨリ】

多くの独身の方が願っていることの一つに「恋愛」があります。あるいは「結婚」などもそうでしょう。

ここでは、出会い、恋愛成就、良縁成就を願う方におすすめの月瞑想をご紹介いたします。

良縁に強い神様である玉依姫《タマヨリビメ》の波動とつながるためのマントラ「タマヨリ」

を使って月瞑想をしていきます。

1．クリスタルボウルの音とアロマの香りを用意します。（用意できない場合は、このステップは省略してください）

2．基本の月瞑想をしていきます。呼吸を整え、満月を眉間の先に思い浮かべます。

3．引き寄せたい願いを心に浮かべます。**「出会いがほしい」「この人との恋愛を成就させたい」「○○と結婚したい」**などです。

4．次に月瞑想のマントラ一覧（175ページ）にある言葉を心の中で一から順番に三回ずつ唱えていきます。

5．最後の**「アヴァローキテーシュヴァラ」**の後に、**「タマヨリ」**を三回唱えます。しばらく満月を見ながらぼーっとします。（1分以上）

6．最後に、**「心願を成就していただき、誠にありがとうございました」**と合掌一礼をして瞑想を解きます。

豊かさを引き寄せるための月瞑想法【オオクニヌシ】

これも、多くの方の願いの一つですが、金運を良くしたい、お金持ちになりたいといった願いも多いことでしょう。ここでは、お金持ちというよりも、今よりも、豊さが増長していくための月瞑想をレクチャーしていきます。

大国主命《オオクニヌシノミコト》の波動を備えたマントラ「オオクニヌシ」を使って、豊さを引き寄せる月瞑想となります。

1. クリスタルボウルの音とアロマの香りを用意します。(用意できない場合は、このステップは省略してください)
2. 基本の月瞑想をしていきます。呼吸を整え、満月を眉間の先に思い浮かべます。
3. 引き寄せたい状態を心に浮かべます。**「年収を〇〇万円にしたい」「素敵な**

仲間たちと出会いたい」「家族の生活レベルを引き上げたい」など、どんな豊かさを引き寄せたいのかをイメージします。

4．次に月瞑想のマントラ一覧（175ページ）にある言葉を心の中で一から順番に三回ずつ唱えていきます。

5．最後の「**アヴァローキテーシュヴァラ**」の後に、「**オオクニヌシ**」を三回唱えます。しばらく満月を見ながらぼーっとします。（1分以上）

6．最後に、「**心願を成就していただき、誠にありがとうございました**」と合掌一礼をして瞑想を解きます。

男性性を引き上げるための月瞑想法【スサノオ】

もっと男らしくなりたい、と願う男性も多くいることでしょう。堂々としたい、魅力的になりたい、そんな願いをお持ちの場合は、須佐之男命《スサノオノミコト》の波動を備えた「スサノオ」というマントラを使ってみましょう。

男性ホルモンを活性化させたり、性的な悩みを解消させたり、そうしたところにも及んでいくことでしょう。

1. クリスタルボウルの音とアロマの香りを用意します。(用意できない場合は、このステップは省略してください)
2. 基本の月瞑想をしていきます。呼吸を整え、満月を眉間の先に思い浮かべます。
3. そして、あなたが意図する男性性を強くした姿を、言語化し、あらかじめ紙に書き出しておいてください。その書き出したことを順番に指定していきます。**「○○になる」「○○ができる」**といった断定的な言葉にしてください。
4. 次に月瞑想のマントラ一覧(175ページ)にある言葉を心の中で一から順番に三回ずつ唱えていきます。
5. 最後の「**アヴァローキテーシュヴァラ**」の後に、「**スサノオ**」を三回唱え、しばらく満月を見ながらぼーっとします。(1分以上)

6．最後に、**「心願を成就していただき、誠にありがとうございました」**と合掌一礼をして瞑想を解きます。

女性性を引き上げるための月瞑想法【アマテラス】

女性らしさを忘れてしまっている自分をふと感じた時に、この月瞑想を実践してみてください。

社会で働くということは、どうしても、男性性のエネルギーが強くなり、いつの間にか、ホルモンバランスや体の状態も男性化していきます。あなた自身が本来こう在りたいと思う女性像を思い出し、そのイメージでこのワークに臨んでください。天照大神《アマテラスオオミカミ》の波動を備える「アマテラス」というマントラはまさに心に光を灯します。ネガティブなエネルギーを一掃したい時には、男女共にこのマントラを使ってみてください。

1. クリスタルボウルの音とアロマの香りを用意します。(用意できない場合は、このステップは省略してください)
2. 基本の月瞑想をしていきます。呼吸を整え、満月を眉間の先に思い浮かべます。
3. そして、あなたが意図する女性性とは何かを、言語化し、あらかじめ紙に書き出しておいてください。その書き出したことを順番に指定していきます。**「○○であること」「○○な私となる」**といった断定的な言葉にしてください。
4. 次に月瞑想のマントラ一覧(175ページ)にある言葉を心の中で一から順番に三回ずつ唱えていきます。
5. 最後の**「アヴァローキテーシュヴァラ」**の後に、**「アマテラス」**を三回唱えます。しばらく満月を見ながらぼーっとします。(1分以上)
6. 最後に、**「心願を成就していただき、誠にありがとうございました」**と合掌一礼をして瞑想を解きます。

子宝を引き寄せるための月瞑想法【ツクヨミ】

現代病の代表格である不妊症や、なかなか子宝に恵まれないことで不安を抱いているとしたら、まず月瞑想を試してみてください。その際に、先の女性性を引き上げるための月瞑想も同時に試してください。考えられる原因がある際には、この後にある自然治癒力を高めるための月瞑想も行ってください。

多くの場合、心身両面から改善していくことが望ましいと思いますので、ぜひご活用ください。

ツクヨミとは、天照大神の陰の顔としての側面である月讀命《ツクヨミノミコト》です。太陽と月の関係でもあるこの神様は夜を守る神です。

夜は子作りを象徴します。ですので、月讀命のチカラをここではお借りします。

1. クリスタルボウルの音とアロマの香りを用意します。(用意できない場合は、このステップは省略してください)

2. 基本の月瞑想をしていきます。呼吸を整え、満月を眉間の先に思い浮かべます。

3. そして、**「子宝を引き寄せる」**とエネルギー指定します。

4. 次に月瞑想のマントラ一覧(175ページ)にある言葉を心の中で一から順番に三回ずつ唱えていきます。

5. 最後の**「アヴァローキテーシュヴァラ」**の後に、**「ツクヨミ」**を三回唱えます。しばらく満月を見ながらぼーっとします。(1分以上)

6. 最後に、**「心願を成就していただき、誠にありがとうございました」**と合掌一礼をして瞑想を解きます。

自然治癒力を高めるための月瞑想法【オンコロコロセンダリマトウギソワカ】

1．クリスタルボウルの音とアロマの香りを用意します。（用意できない場合は、このステップは省略してください）
2．基本の月瞑想をしていきます。呼吸を整え、満月を眉間の先に思い浮かべます。
3．そして、**「自然治癒力を高める」**とエネルギー指定します。
4．次に月瞑想のマントラ一覧（１７５ページ）にある言葉を心の中で一から順番に三回ずつ唱えていきます。
5．最後の**「アヴァローキテーシュヴァラ」**の後に、**「オンコロコロセンダリマトウギソワカ」**を三回唱えます。その後、満月を見ながら、改善したい体の部分に両手を当て、しばらくぼーっとします。（1分以上）

6．最後に、**「健康を与えていただき、誠にありがとうございました」**と合掌一礼をして瞑想を解きます。

出世を切り拓くための月瞑想法【アメノミナカヌシ】

1．クリスタルボウルの音とアロマの香りを用意します。（用意できない場合は、このステップは省略してください）
2．基本の月瞑想をしていきます。呼吸を整え、満月を眉間の先に思い浮かべます。
3．そして、自分が出世した状態をイメージします。**どんなポジションにいて、どんな仕事をしているのか、部下は誰なのか、その結果、受け取る報酬はいくらになっているのか、など**です。
4．次に月瞑想のマントラ一覧（175ページ）にある言葉を心の中で一から順番に三回ずつ唱えていきます。

5．最後の「**アヴァローキテーシュヴァラ**」の後に、「**アメノミナカヌシ**」を三回唱えます。しばらく満月を見ながらぼーっとします。（1分以上）

6．最後に、「**心願を成就していただき、誠にありがとうございました**」と合掌一礼をして瞑想を解きます。

アンチエイジングのための月瞑想法【ヨミガエリ】

1．クリスタルボウルの音とアロマの香りを用意します。（用意できない場合は、このステップは省略してください）

2．基本の月瞑想をしていきます。呼吸を整え、満月を眉間の先に思い浮かべます。

3．そして、「**ヨミガエリのエネルギーを受け入れる**」とエネルギー指定します。

4. 次に月瞑想のマントラ一覧（175ページ）にある言葉を心の中で一から順番に三回ずつ唱えていきます。

5. 最後の「**アヴァローキテーシュヴァラ**」の後に、「**ワカガエリ**」を三回唱えます。その後、満月を見ながら、改善したい体の部分に両手を当て、しばらくぼーっとします。（1分以上）

6. 最後に、「**ヨミガエリのエネルギーを与えていただき、誠にありがとうございました**」と合掌一礼をして瞑想を解きます。

勝負事に強くなる月瞑想法【フツヌシ】

1. クリスタルボウルの音とアロマの香りを用意します。（用意できない場合は、このステップは省略してください）

2. 基本の月瞑想をしていきます。呼吸を整え、満月を眉間の先に思い浮かべ

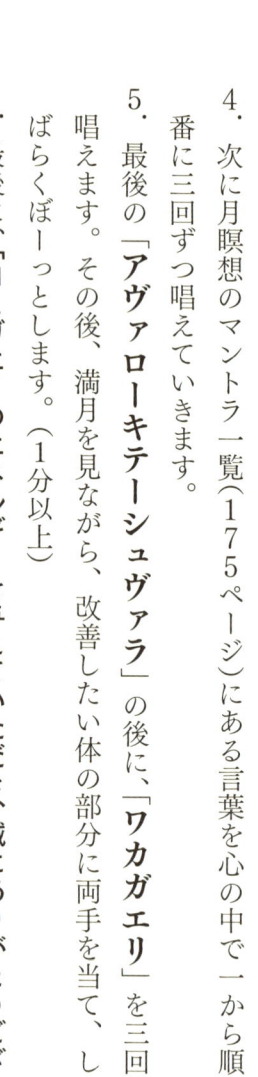

ます。

3. そして、**「勝負に勝つ」**とエネルギー指定します。

4. 次に月瞑想のマントラ一覧(175ページ)にある言葉を心の中で一から順番に三回ずつ唱えていきます。

5. 最後の**「アヴァローキテーシュヴァラ」**の後に、**「フツヌシ」**を三回唱えます。しばらく満月を見ながらぼーっとします。(1分以上)

6. 最後に、**「勝負に勝たせていただき、誠にありがとうございました」**と合掌一礼をして瞑想を解きます。

以上、いくつかの月瞑想の具体的方法を示しました。

これだけでは、まだ不十分な面や伝えきれていない面もあるかもしれません。実際にやってみるとまた違う発見もあるかもしれません。

今、月瞑想を教えるインストラクターを全国に育成中ですので、もしお近くに月瞑想インストラクターがいましたら、一度レクチャーを直接受けてみるのも上達の早道だと思います。

ただ、ここまで読んでいただきますともうお分かりの通り、月瞑想はいたってシンプルで、簡単です。

ですからコツさえつかめば、いつでもどこでも、例えば通勤中の電車の中や、食事中でも、慣れてきますと仕事中でもできます。

どこで何をしていようが、まず問題なくできる瞑想法です。

月瞑想マントラ一覧

一　思考のブロック解除
二　感情のブロック解除
三　表現のブロック解除
四　行動のブロック解除
五　時間のブロック解除
六　努力のブロック解除
七　つながりのブロック解除
八　アヴァローキテーシュヴァラ

【番外編】たった30秒でできる月瞑想

最後に、番外編として、緊急な時とか、急いでいる時、ゆっくりとしていられない場などで月瞑想する方法をお伝えしておきます。

例えば、

・会社のプレゼンの前に緊張を取りたい
・ここ一番の勝負の時に集中したい
・通勤中の電車の中や職場で一息入れたい時
・大事な商談やデートの前に数秒だけ
・浴室でお風呂に浸かりながら

こんなシーンでも、月瞑想は活躍します。

1. 心の中に満月を描きます。
2. その満月を呼吸と共に、大きく膨らませていきます。
3. やがて、その満月の中に自分が入っていきます。
4. 満月の光の中にいる自分を確認しましょう。
5. そして、心の中で「**神様はここにいる**」と、ハートに手を当て、心の中で唱えます。

これでOKです。火事場の底力を出せるはずです。ぜひ、試してみてください。

【特別章】

前版である「願いをかなえる　月瞑想」を自由国民社さんから上梓して、早6年の歳月が流れました。この6年間の中で、月瞑想の実践者がたくさん育ち、メソッドとしてもバージョンアップしていきました。

特に、今回特別章として新たに書き下ろしていく内容は、三つの眼の使い方というお話しです。

「魂の三態」と私が独自に名付けている概念があります。それは、魂には「霊体」「幽体」「肉体」の三態があるというものです。このボディーには、それぞれの眼がございます。肉体の眼をファーストアイ。幽体の眼をセカンドアイ。そして、霊体の眼をサードアイと呼んでいます。

ファーストアイとは何か？

まず、最初に肉体の眼「ファーストアイ」について、書いてみます。

ファーストを書くように、ファースト、セカンド、サードという順序で眼を開いていきます。サードアイを開くというと、なるほどと感じる方も多いことでしょう。けれど、ファーストアイ？もう、肉体の眼は開いているのでは？と思われることでしょう。しかし、この宇宙の見方には、二通りの見方がありま す。一つは「受動的に見る」もう一つは「能動的に観る」というものです。

多くの方々は、受動的に見ることに慣れているので、まず能動的に観るという手法でこれら三つの眼の使い方を瞑想的にまとめていきます。

それでは、ファーストアイの瞑想です。

皆さんは、テレビやYouTubeなど、受動的に見る癖がついていることでしょう。これを能動的に観る習慣を身に付けていくことがファーストアイの開眼につながります。このファーストアイを開眼していくことで、現世的なご利益が増大していく効果がありますので、是非身に付けてみてください。

最初のトレーニングとして、満月の絵や写真などを壁に貼り、その満月をじーっと、そしてボーッと眺める練習をしましょう。じーっと観る時は、一点に集中していきます。ボーッと観る時は、あえてピントをずらし、ボヤッと観てください。「見る」と「観る」の違いは、見るとは目に映るものを受動的に捉えていくこと。観るとは、目的性を持って見ようとすることです。ですので、ここでのトレーニングは「観る」ことが主体となります。

満月を観る、練習を習慣化していきながら、今度は街や自然に出掛け、見たいと思うものを見に行く練習をしましょう。ウインドウショッピングやバードウォッチなど、見に行く練習です。そんなことは普通にしていると思われるかもしれません。ですので、一つテーマを決めて見に行ってください。テーマが「豊かさ」であれば、豊かになれるものを見に行きます。会いたい人に会いに行くでもいいです。

何か一つテーマを決めて、そのテーマにマッチしたものを見に行くことをしながら、段々と決めたテーマの関連した、人・物・情報が入ってくる状態にまで意識を高めていきます。

このことで、本当の引き寄せ現象が起きてくるはずです。

人の眼というものは、潜在的に見たいと想っていることを見るようにできています。ですから、もし、今あなたが置かれている状況が思わしくない、自分が望んでいないという状況でしたら、実は、今見ている現実が、深層心理で願っていることであるという可能性がとても高いのです。

この事実を受け入れ、眼から入る情報をコントロールしていける状況になることが、まずファースアイ開眼のコツです。

セカンドアイとは何か？

では、今度はセカンドアイについて書きてみましょう。

セカンドアイとは、幽体の眼です。別名「心眼」と言います。そう、心の眼です。この心の眼とは一体なんでしょう？

それは、自分の中を観るための眼です。自分の中にある「個人のアカシックレコード」という想念帯を読み取るための眼です。ただし、ここでのアカシックとは、宇宙全体とか、地球のものではなく、あくまで個人レベルのものです。

まずは、自らの心の内を眺めていきましょう。

瞑想のポーズを取りながら、胸の中心にある第4チャクラであるハートで、満月を思い浮かべます。そして、その満月の光を感じてみてください。そして、そのまま、過去の記憶を思い出していきましょう。

そう、セカンドアイとは、過去の記憶を観ることを指します。セカンドアイ瞑想といって、過去の記憶を紐解いていきながら、想念帯のクリアリングをしていきます。想念帯のクリアリングとは、過去の記憶のＤＮＡを修正することに他なりません。

この部分は本章でも述べているのでは、そちらに譲ります。

ありありと、過去の記憶を思い浮かべるようになっていったら、セカンドアイの開眼は間近いです。本当にセカンドアイが開眼してくると、他人様の心の記憶も読み解けるようになっていきます。この能力のことを「他心（マインドリーディング）」といいます。

このセカンドアイの瞑想で、心の次元を上昇させていくことで、こうした神通力が備わっていきます。しかし、あくまで結果として発芽してくる能力ですので、能力が欲しいからという邪心でもって、この瞑想をしないでください。

そうすると心の眼は曇り、中道から外れ、偏った見方になってしまうからです。それは、魔境への道でもあるので重々気を付けていきましょう。

サードアイとは何か？

それでは、再度のサードアイについて触れていきます。第三の眼と呼ばれているように、肉眼では見えない何かを観るための眼です。霊眼です。霊体の眼という意味です。私たちがあの世にいた頃、この世にまだ生まれ変わっていない頃、この霊体がすべてであって、そこにはセカンドアイもなく、ファーストアイもありません。霊的世界を観るための眼のみがありました。しかし、この世に生まれ変わってくることによって、この世を見るための肉体の眼ができ、霊体の眼と肉体の眼をつなぐものとしての幽体の眼が備わったのです。幽体の眼と同時に、チャクラという肉体と霊体をつなぎ合わせるためのエネルギー場も同時に出来上がりました。

このように、それぞれの眼には意味があります。サードアイを開眼するという本当の意味は、本来の自分気づくということになります。本来の自分、即ち、霊的なる存在としての自分に気づく。あなた自身は、本来、霊的存在であり、完全に融通無碍なる存在であったのです。あなたの魂の次元に応じた世界を観ることができたのです。

しかし、この世に生まれ変わり、数十年の時を経て、私たちは、この世に存在している肉体存在ことが、本来の自分と錯覚をしていき、霊的自己を忘却してきます。その結果、霊的なる眼も同時に閉じていき、肉体眼に映る世界がすべてだと錯覚を起こしていくのです。

サードアイを開くということは、本来の自己を取り戻し、霊的なる世界の真実を知ることに他なりません。サードアイを開いたからといって、幸せになるわけでもなく、すべてが手に入るわけでもありません。サードアイは真実を映し出す鏡のようなものです。
もっと言えば、サードアイを開かずとも、ファーストアイという肉体眼でもって、見えている世界こそが、今のあなたの次元を象徴し、今のあなたの幸せ度を映し出しています。

サードアイを開く瞑想法とは、まず満月の光に全身が包まれている自分をイメージしてください。そして、今度は、眉間で満月を観てください。眉間の先にまん丸の満月を映し出し、その満月をじーっと、ボーッと観てください。

何もない空間に「在る」ものを観る練習です。実は、あなたがイメージしたら、そこには磁場が発生し、そのイメージしたもののエネルギーがそこに存在しだします。わかりやすい例を挙げれば、生き霊やサイキックアタックはなぜ発生するのかを考えればわかりやすいと思います。

人の念は、空なる場に、思念を発生させ、その思念が強ければ、物質化現象も起こします。マイナスの意味でいえば、ガンなどの病気も多くはそうしたメカニズムで発生します。プラスの意味では、お金などもそうです。心の奥底で真に豊かさを愛していれば、お金などの豊かさが物質化していきます。

サードアイを開くということは、単に霊が見えるとか、オーラが見えるなどの余興ではありません。真なる生き方に関わってくる領域なのです。このことを踏まえて、先に書きましたようなサードアイ瞑想法を練習してみてください。

段々と、眼には見えない世界のエネルギーを捉えられるようになっていきます。自分が本来持っているところの能力が復活してくることでしょう。最初は、自分が執着していることばかりが見えてくるかもしれません。しかし、ファーストアイ瞑想、セカンドアイ瞑想を繰り返し行じて、鍛錬が進んでくると、引き寄せ体質になり、心の眼が開け、さらには、シックスセンスが冴えだし、たとえ眼には見えなくともそこに「在る」ものが見えてくることでしょう。

月瞑想の極意は、霊眼の開眼にあります。
しかし、基本を忘れないでください。

基本は「八正道」

魂を中道に整え、正中することです。

正しいポジションに入ることで、
見えて来る世界が変わり、
自分の使命も見えてまいります。

自利利他。

それが、この本で一番伝えたいことです。

自分を利することが、
他をも利する生き方とは、
何ぞや。

その答えを、この月瞑想を通じて、
顕わにしていただければ、
有難く思います。

おわりに

本書を書き上げ、この**月瞑想**はこれからの私のライフワークになっていくと感じました。

思えば、20代前半から瞑想という世界に惹かれ、目には見えない世界の追求をしてきました。その結果、得られた気づきは、確実に霊的世界はある、という結論でした。だから、目に見える世界の現象ばかりに振り回されず、実は、目には見えない世界の在り方こそ、私たち人間の本当の世界なんだよと言い続けてきたのです。

その集大成として、今回多くの方々のお陰でもって、本書「月瞑想」を無事上梓することができ、本当に感謝しています。

今、この世界はアクエリアス時代が本格化しています。

それは、神様という魂の親から、僕たち子供たちが大人になり独立していく時代です。今回お伝えした月瞑想でのエネルギーワークのように、自由に人々がエネルギーの使い手になれているのもその恩恵です。

しかし、その一方では、自由であるが故の、自己責任も伴います。要は、誰しも自由に情報や能力をインストールできる時代では、何を選び、何をつかみ取っていくかが、とても重要な時代であると言えるのです。

何でもできる時代、しかして何が本質か混乱しやすい時代。

そう言えるのだと思います。

そんな中、この月瞑想を通じて、自身の心が整い、そのことで周りの方々へ善き影響を与え、それが善き社会、国、地球へとつながっていくことを心より祈念しています。

一人でも多くの人が、月瞑想を通じて愛の本質に気づいていただければ、これ幸いです。

最後になりましたが、初版第1刷発行時に企画として携わっていただいた田中克成さん、岩谷洋昌さん、そして自由国民社の竹内尚志さんには感謝の気持ちでいっぱいです。伝えたいことをそのままストレートに伝えさせていただけたことに感無量の思いです。

そして、読者の皆さんには、まだまだ伝えたいことがたくさんあるので、僭越ながら、私からのプレゼントがあります。左のＱＲコードを読み取っていただき、ぜひ私からのプレゼントを受け取ってください。

それでは、また皆様とは直接月瞑想会でお会いできることを楽しみにしています。

合掌

このQRコードを読み取って、月瞑想公式LINE@に登録していただきますと、下記の無料プレゼントが受け取れます。

特典1
月瞑想の原点となる講演動画
「富と豊かさを引き寄せる満月ワーク」

特典2
月瞑想を使った願望達成のための
8ステップメールセミナー

編集後記

さあ、新しい月瞑想の世界はいかがでしたか？

何かしらの発見や気づきがあっていただけたなら、とても嬉しいです。

さて、私も来年還暦を迎えることとなりました。

私の使命は「霊的世界の真実を伝える」ことです。

そのために、スピリチュアルなる世界に足を踏み入れ、早三十年の時が流れました。

未だ、思い半ばではありますが、時代は徐々に、スピリチュアルありきの方向へ進んでいると感じています。

これからの時代の礎となれればという想いで、今世での寿命を全うできればと考えています。

私たちの育った時代は「本」が中心でしたが、いまや「ネット」が中心です。YouTubeなどのSNSの進化が目覚ましく、私も楽しませていただいています。

こうした時代に、一言申し上げている言葉があります。

「デジタルを制して、アナログ化を図れ」

という言葉です。

まさに、月瞑想も、様々なところで、オンライン瞑想会などが開かれ、デジタル化が進んできました。私自身も、セッションなどのほとんどをオンライン化しています。

しかし、ＡＩ時代だからこそ、人間にしかできないこと、再現性のないアナログな世界が、今後とっても大切と感じています。

人には、それぞれの「個性」があります。

その個性なるものは、永遠の輪廻転生の中で育んできた、とっても大切な宝物です。

その宝物を光り輝けるものとしていくための一つの手法として、この月瞑想法をお試しください。

人の個性という花が百花繚乱、咲き誇りますように。

最後までお読みいただき、誠にありがとうございました。

令和六年　八月八日

新版発刊に寄せて

【著者プロフィール】

西川隆光（にしかわ・りゅうこう）

1965年生まれ。

幼少の頃より、宗教やスピリチュアルに興味を持ち、様々な霊的経験を重ねる。

22歳の頃に瞑想と出会い、瞑想修行を開始する。

その後、29歳に霊能者として独立し、39歳でスピリチュアルカウンセラーとして都内占いブースに出演。

霊能鑑定が話題となり、多数のメディアで取材を受けるようになる。

現在は、僧籍を持たないインディーズ僧侶として、霊的世界の真実を伝えていくことを使命として、精力的に活動に勤しんでいる。

新説 願《ねが》いをかなえる月瞑想《つきめいそう》

2018年3月3日 初版第1刷発行
2024年9月17日 新版第1刷発行

著　者 西川 隆光

発行人 西川 隆光
発行所 株式会社 アルカディア出版
〒104-0061
東京都中央区銀座6-6-1
銀座風月堂ビル5F
TEL 03-6215-8423
FAX 03-6215-8700
Mail info@arcadia7.jp
発売元 株式会社星雲社（共同出版社・流通責任出版社）
印刷所 恒信印刷株式会社
本文組版 株式会社エムツークリエイト

2024 Printed in Japan ISBN978-4-434-34153-3